i**H**uman

成
为
更
好
的
人

梁治平 著

法辨

法律文化论集

广西师范大学出版社
GUANGXI NORMAL UNIVERSITY PRESS
·桂林·

FA BIAN: FALÜ WENHUA LUNJI

出 品 人_刘春荣
责任编辑_徐　婷
助理编辑_周丹妮
封面设计_彭振威
责任技编_郭　鹏

图书在版编目（CIP）数据

法辨：法律文化论集 / 梁治平著．—桂林：广西师范大学出版社，2015.4（2020.1 重印）
　ISBN 978-7-5495-6162-9

　Ⅰ．①法… Ⅱ．①梁… Ⅲ．①法律－文化－文集
Ⅳ．①D909-53

　中国版本图书馆 CIP 数据核字（2014）第 281525 号

广西师范大学出版社出版发行
（广西桂林市五里店路 9 号　邮政编码：541004）
（网址：http://www.bbtpress.com）
出版人：黄轩庄
全国新华书店经销
湖南省众鑫印务有限公司印刷
（长沙县榔梨街道保家村　邮政编码：410000）
开本：889 mm × 1 194 mm　1/32
印张：9.375　　　　字数：200 千字
2015 年 4 月第 1 版　　2020 年 1 月第 4 次印刷
印数：11 501~16 500 册　　定价：50.00 元
如发现印装质量问题，影响阅读，请与出版社发行部门联系调换。

目　录

自　序

　　这个集子收录了我自 1985 年至 1988 年这几年中间写就和发表的大部分文章，共计 18 篇。其中，13 篇发表于北京三联书店的《读书》杂志，它们是全书的主干。

　　从内容上看，这组文章涉及领域众多，时间和空间的跨度也很大，但是在方法和主题方面，它们却又是非常单一的。这种情形与我的研究兴趣和研究方法有很大关系。

　　我取的基本立场，简单说就是"用法律去阐明文化，用文化去阐明法律"。这是一个很宽泛的原则，因为文化的概念本身就极有弹性。就更具体一层的方法来说，或如一位学界前辈所言，我的研究主要是"社会学"的。这里我还可以补充一句，我的研究也是"历史的"和"比较的"，唯独不是思辨的。我无意建构体系，也不愿被"理论"束缚了手脚。我需要一项原则作理论的支点，于是就把"法律文化"作了自己研究的对象。更确切地说，我不是在研究"法律文化学"，而是研究法律文化的个案，研究可以归在这个大题目下面的种种具体问题。这是我兴趣所在。虽然这样做的结果，不可避免要给人以内容上庞杂的印象。

不过，内容的庞杂未必就是主题的散乱。事实上，就这本集子所收的文章来讲，主题是相当集中的。编排此书目录所以大费踌躇，也是因为这个缘故。

按时间顺序编排文章的办法最简单，但显然不合适。最后以（1）概说；（2）中国法；（3）西方法；（4）比较中、西法四目作大致的分类，实在也是勉强为之。实际上，这些文章不但是以同一种方法讨论着同一个大问题，而且是透着同一种关切的。在我来说，所以要写下这样一组文字，不纯是为了满足学术上的好奇心，也是为了对今天严峻的现实作出一种回应。

中国古代法经历了数千年的发展，终于在最近的一百年里消沉歇绝，为所谓"泰西"法制取而代之。但是另一方面，渊源久远的文化传习，尤其是其中关乎民族心态、价值取向和行为模式的种种因素，又作为与新制度相抗衡的力量顽强地延续下来。由此造成的社会脱节与文化断裂，转而成为民族振兴的障碍。这一点，经常成为热衷于"观念现代化"的人们的话题。

中国的进入现代社会，固然是以学习西方开始，但是中国现代化的完成，又必定是以更新固有传统结束。任何一种外来文化，都只有植根于传统才能够成活，而一种在吸收、融合外来文化过程中创新传统的能力，恰又是一种文明具有生命力的表现。在这意义上说，上面谈到的社会脱节、文化断裂等现象，已经是一种"文化整体性危机"的征兆了。这样讲并不过分。

辛亥革命至今,半个多世纪过去了,我们的文化却比历史上任何时候都更缺乏说服力。在一班先进青年的眼中,传统不但是旧的,而且是恶的。揭露与批判传统,竟成为"五四"以来知识分子的一种"传统",这种情形不能不引起我们极大的忧虑。因为事实上,这种对于传统的批判态度,首先是来自他们的敏感:他们痛切地感受到这样一种事实的存在,即在这百余年的社会动荡与文化变迁中间,健康而富有活力的传统已然失落,泛起的只是数千年文化积淀中的沉渣。至少,这一点在今天尤为显明。

当然,问题也不像人们通常以为的那样简单。对于传统,无论我们所采取的态度是批判的还是创新的,弄清楚传统及其由来总是必要的前提,而这需要我们以冷静的做学问的态度去看待历史和现实。这里,有许多问题值得我们认真研究。比如,就中国古代法律传统这个大题目来说,我们要弄清的,就不但是中国古时的传统,而且也包括西方自古代希腊、罗马传来的遗产。我们不但要问过去的和现在的法律实际上是怎样的,而且要问它们为什么是这样而不是那样。罗马何以能借法律而征服世界?西方的法制凭什么能够取中国法而代之?反过来问,源远流长、自成体系的中国传统法制因为什么竟遭消沉歇绝的命运?它不能够传世的原因究竟是什么?这些是历史问题,也是现实问题。因为归根结蒂,中国人今天的生活环境是以往全部历史共同作用的结果。在这层意义上说,欲知今日,不能不先知过去。未来亦是如此,既然它直接取决于我们今天的认识和努力,它就不能不带有历史的印记。在我来说,过去、现在、未来的界限总是相对的。一切都是历史,一切都是当代史。传统之于我,"不仅仅是历史上曾经存在的过去,同时也是历史地存在的现在。因此,我们不但可以在以往的历史中追寻传统,而且可以在当下生活的折射里发现传统"(《古代法:文化差异与传统》)。我谈西方的法律传统,讲它过去的和现在的理论与实践,既是要廓清其本来面目,也是想探寻中国现代法律制度后面原本应有的精神。关于希腊法终于隐而不彰的悲剧命运的讨论,实际是包含了对中国古代法历史命运的反省;而就自然法乃至西方中古法律学说所作的讨论,同时又未尝不是对于中国法律传统以及法学衰败现状的观照与批判。在关于"中国法"的一组文章里面,即便是最最单纯的只讲中国古代法律的文章(只有一篇),实际也隐含了与西方文明相比照的背景,透露出我对于过去与现代中国法与中国社会的基本思考。促使我这样做的,自然不是借古讽今的冲动,而是我对于中国近代历史演变以及文化发展规律的特定认识。这些文章确实表明了某种现实的关切,但是引领着我深入历史文化中去的,同时也可说是学术上的好奇心。也许可以说,严肃而平正的历史研究是我关注现实的另一种方式。在我身上,这两个方面并不矛盾。我从不曾为了现实的缘故去"修正"历史。相反,在探究所有具体历史问题的时候,我都为问题本身所吸引,几乎是为学问而学问的。如果说这里面依然隐含了重大的现实问题,那只是因为传统不灭的缘故。

毋庸讳言,在这三年中间,我对于问题的看法也经历了一个深化的过程。这一点,细心的读者当不难发现。为 H. J. Berman《法律与宗教》所写的译序《死亡与再生》一文,在时间上最为晚出,其中所表达的思想自然也比较成熟,只是囿于篇幅和文章的形式,意见的表述未尽系统。这种情况,在那些借"书评"之名写下的文章里面也程度不同地存在着,这或许是一种缺憾。此外,这本集子里关于中国法的讨论,基本上只集中于"是什么"和"为什么"的问题,而于中国古代法"不是什么"和"为什么"的问题却没有正面展开,当然更不可能在此基础上就中国古代法作全面而系统的总结和评判。完成这项工作需要写成一本专著,而这正是我现在在做并且已接近于完成的一件事情。这是可以顺便加以说明的。

1988 年 5 月于北京

作者附记:

这里提到的"接近于完成"的专著,指的是《寻求自然秩序中的和谐:中国传统法律文化研究》。该书最早由上海人民出版社出版(1991),后在中国政法大学出版社修订再版(1997)。最近的也是印刷错误最少的一版,由商务印书馆 2013 年印行。

比较法与比较文化[*]

谈起欧洲历史上的文化运动，人们马上会想到文艺复兴。不过，提到罗马法运动，知道的人恐怕就不太多了，至于说了解，那就更少了。这不能说不是一个缺憾。因为，罗马法运动不仅是欧洲中世纪最早的世俗文化运动，而且，在近千年的时间里，它时起时落，进行得有声有色，其规模和声势，几乎不亚于文艺复兴。不了解这段历史，就很难弄懂欧洲文化史，更不用说西方文化的特质了。这个问题值得专门著文介绍，这里，不过想借此话题，谈谈法与文化、比较法与比较文化的关系问题。

一

文化，作为一个专门术语，是个多少有些含混的概念，富于

* 原载《读书》1985 年第 9 期。

弹性。学术界有关文化的定义,大概不下百种,但没有一种具有无可争辩的权威性,可以为所有人接受。尽管这样,大家还是用它来讨论问题,可见,其中总有些共同的东西。邓肯·米歇尔编的《社会学辞典》把文化说成是一种复杂的社会现象,包括信仰、艺术形式、文学、意识形态、价值体系,以及物质组织、技术水平的情况等。这样的定义差不多是包罗万象的。19世纪的英国人类学家爱德华·泰勒认为:"文化是一个复杂的整体,其中包括知识、信仰、艺术、法律、道德、风俗,以及作为社会成员之个人所获得的任何其他能力和习惯。"这个定义偏重于意识形态和行为模式,是一般文化人类学家所持的立场。当代美国人类学家艾尔弗雷德·克罗伯就强调,文化包括各种外显的或内隐的行为模式,其核心是传统观念,尤其是价值观念。(转见《百科知识》1981年第2期,第19页)对于文化人类学,我是外行,不敢随便发议论。好在,这里探讨的也不是严格的人类学问题。我倾向于接受含义比较广泛的文化概念。在这个意义上,法正是文化的题中应有之义。

单就形式着眼,法包括两个方面。首先是法律意识,包括一般人的法律观念和法学的各个门类;其次是法律制度。这两个方面有密切的关系。制度总是在一定的观念指导下形成的,不过,二者之间又经常有差距。这些差距集中地表现在个人的行为方式上。在伊斯兰世界,法通常被理解为与宗教相连的理想体系,现实中的习惯、法令,即现行法律制度的权威反而退居其次。这样的法律自然不会被严格遵行。中国古代也有类似的情况,比如,法律禁止仇杀,可是,为报父仇而杀人者,不但常能赢得社会的赞许,有时还能免受处罚,得到统治者的褒奖。这主要是因为,"孝"的观念在中国传统价值体系中是高出于法的。为什么会产生这些差距?原因固然不简单,恐怕主要应在法律意识当中寻找答案。不过,若再问起,法律意识何以这样而不是那样,问题就更不简单了。这是它本身无法回答的。因为,法律意识不是一个独立自在的体系。如果说,社会(文化)是一个大的系统,法不过是其中的一个有机部分,它与其他部分相互依存,彼此影响,有不可分割的密切关系。

这样说,有两方面的含义,一个是部分与部分,一个是部分与整体。这个问题实在是一而二,二而一,侧重不同罢了。

考察一个社会的法,必须注意它与社会其他部分的联系。有时还要强调其中的某一方面。比如,研究西方的法,首先要研究罗马法,其次是日耳曼法,还有封建习惯、教会法和商法。这样,研究者除须一般地了解罗马史以外,还要了解日耳曼的部族习惯,熟悉封建制度。教会法和商法大多来自罗马法,但又有自己的发展,所以,不能不注意到基督教教义和地中海沿岸各国通行的商事惯例。这样一步步深入下去,势必要涉猎政治、经济、宗教、伦理、哲学、历史等诸多领域。当然,这里强调的只是各部分间的联系,还不是研究的方法。因为,用部分说明部分,只能在互为因果的圈子里打转,却不能深刻地把握部分。只有把部分放到整体的背景中考察,才可能跃上一个层次,一下子抓住本质的东西。这个整体就是上文所说的文化,也不妨称之为文化体、文化结构。还借上面的例子来说,(西)罗马帝国灭亡了,罗马法为什么能保存下来,传播开去？罗马人的正义观念(自然法理论和衡平观念)为什么会传之后世,甚至被发扬光大？罗马法中公法与私法的划分,它的主观权利说、无限私有制以及契约自由和自由遗嘱的原则,为什么能够成为早期资本主义法的支柱？这些问题仅用法或经济的观点是无法圆满解答的。既然法是一种复杂的社会-文化现象,就应该把它放在社会-文化的整体结构中去把握。

整体与部分的关系并不止于决定与被决定,部分也会积极地参与整体,否则,整体就无从谈起。理论上说,西方人有法律至上的传统,实际上,法的作用也常常是很突出的。西方历史上有作为的政治家,往往也是杰出的立法者。雅典政治家梭伦、东罗马皇帝查士丁尼、教皇格雷戈里七世、都铎王朝的亨利八世,等等,都是如此。据说,拿破仑晚年回首往事时曾骄傲地说,"我的光荣不在于打胜了四十个战役,滑铁卢会摧毁这么多的胜利……,但不会被任何东西摧毁的,会永远存在的,是我的民法典"(转见李浩培为所译《法国民法典》写的译者序)。所以,欲明了西方文化结构,须特别注重法的社会作用。当然,这并不是说,对于法的作用相对较弱的文化体,便可以忽视法的研究。因为,从法对社会的作用中,从人们的法律意识里,正可以窥见文化的特色。

法与文化是不可分割的。

二

古代民族的法律有不少共同点。比如，与原始宗教（包括巫术）有密切关系；注重形式，缺乏弹性；诉讼程序常常重于实体规范，等等。这与人类早期的发展特点不无关系。尽管如此，古东方的楔形文字法与希腊法却有很大的差异，中国古代法与罗马法更不可同日而语。为什么呢？要弄清其究竟，不但要比较法律本身的异同，还要比较各种文化的特点。

最一般意义上的文化比较和法的比较古已有之。希罗多德的《历史》、凯撒的《高卢战记》和阿里安的《亚历山大远征记》，都含有对不同社会／部族文化的描写。亚里士多德的《政治学》一书对希腊各城邦的法律进行了比较。据说，梭伦立法和罗马的《十二铜表法》也都是在比较异邦法制之后完成的。如果细心考证一下，相信在各历史时期都可以找到这方面的例子。不过，比较的方法引起人们的高度重视，各门比较学科从其他学科中独立出来，这却是19世纪以后的事。其中的原因虽不尽相同，但也有些共同背景。19世纪中，西方资本主义的势力向亚洲、非洲大事扩张，许多神秘的王国被发现了。这一方面，打开了学术研究的新领域，另一方面，也产生了大规模的文化冲突。殖民者为了统治的便利，殖民地人民为了救亡图存，都要研究对方的文化，重新估价自己的文化。本世纪以来，由于科学技术的巨大进步，人类的通讯和交通手段越来越发达，国际间交往与合作日益频繁，彼此的依赖性也不断加深。这些,都迫使人们去了解别人。了解别人,也是为了了解自己,或者是为了了解人类的童年,或者是为了勾画人类历史的统一图景。前者如摩尔根的《古代社会》、弗雷泽的《金枝》和列维-布留尔的《原始思维》;后者则有黑格尔的《历史哲学》、施宾格勒的《西方的没落》,以及汤因比洋洋百万言的巨著《历史研究》。后举三种虽然是历史学著作,但在广义上,也不妨看作比较文化的名著。列举几例不过用以说明一个时代的风气,实际上,在比较文化这个大题目下,文化人类学、比较哲学、比较宗教学等方面的著作实在多得不胜枚举。

比较法正是在这种风尚中发展起来的。19世纪中欧洲各国统一民族法律的形成,是比较法作为一种法学思潮和独立学科得以产生的重要条件。因为,在那以前,法学家所关心的不是现行的各种地方习惯和君主的法令,而是只在大学里讲授的罗马法原则。那时,即或将不同的法律加以比较,也只能在实务者中间,在较低的层次上进行。唯一的例外是孟德斯鸠。在1748年出版的《论法的精神》一书中,他把法律看作一种社会/文化现象,强调地理环境、历史、政治、道德、商业等因素对于法律的影响,这部百科全书式的巨著既是比较文化的名著,也是比较法的杰作。19世纪的英国法律史家梅因接过了这一传统。他对各种古代法制进行研究,其视野之开阔,可与当时的人类学家媲美。他在《古代法》一书中提出了从身份到契约的法律进化公式,其中包含了社会进化的丰富内涵。法学家之外,比较法的发展更为触目。1831年,法兰西学院率先创立了比较法讲座；1869 年，世界上第一个比较法协会在法国成立；1895 年，英国也成立了比较法协会。1900 年，第一届比较法国际代表大会在巴黎举行，它标志着比较法成为一门独立的学科——比较法学。不过，这一时期比较法学家的注意力主要集中在欧洲大陆，因为，这时欧洲大陆各国正竞相改革法律，编纂法典，亟需参考、借鉴别国法律。与此同时，在印度、中国和日本，西方的法制是被作为西方文化的一个部分来看待的。囿于传统，这里不曾产生西方意义上的比较法学，所以，谈论比较法的教科书和百科全书，从未注意到这一时期东方的情形。我想，这是个值得重新研究的问题。一方面是因为，这一时期的发展为东方国家的比较法学奠定了基础，另一方面也因为，一开始就把法与文化视同一体，合并论述，正好反映出东方国家特定的文化传统和当时东西文化冲突的历史背景。

进入本世纪，特别是第二次世界大战以来，比较法又经历了一个大的发展。比较法学家的眼光不仅超出欧洲大陆，注意到英美及其殖民地的法律制度，也开始研究苏联东欧国家以及亚、非、拉独立国家的法律制度。这一时期，相当多的国家设立了比较法研究机构，其中，有些是大型的综合性研究机构，如现设在汉堡和海德堡的马克斯·普朗克研究所。此外，还有诸如世界比较法科学院（1924）、国际比较法协会（1960）等世界性比较法组织。它们出版大型的比较法百科全书，开展大规模的学术交流活动，组织各国各学科的法学家协同工作。这就为法学家同社会学家、人类学家、历史学家、经济学家和政治学家的合作提供了可能。

要了解近一百年来比较法的发展情况，这样一段介绍是太简单了。不过，从中不难看到，比较法与比较文化的发展是由许多共同因素促成的，这并非偶然，因为，法不过是一种特殊的文化现象。

比较法之所以成为独立的学科，不仅是因为有专门从事这一学科研究的人和机构，还在于有它自己的研究方法和目的。从这些方面，更可以发现比较法与比较文化的密切联系。

三

大体上，比较法研究可以分成微观的和宏观的。微观比较从特定的制度入手，涉及具体法规和条款的比较；宏观比较则是对整个法律体系的比较。这两方面常常是紧密相连的。作具体细微的比较，可能要涉及很不相同的法律体系，甚至完全不同的文化背景。比如，比较英国和法国的契约法，或者，德国和沙特阿拉伯的亲属法。在这些法律制度中，表面上相同的概念或制度，实际上可能迥异其趣，有时，可能根本就找不到相对应的部分。这一方面要求研究者事先了解外国法制的基本原则和思想方式，另一方面则使许多比较法学者变换角度，从功能问题入手，由社会需求来看法律调整。这自然要涉及很多背景性知识，而这类知识多由宏观比较提供。

宏观比较的对象是不同的法律体系，这就产生了一个很重要的概念:法系。这是根据一定的标准,把不同国家和地区的具有某些共同特点的法律制度划归一起的结果。有些法系现已成为历史的遗迹,如印度法系、中华法系。又有些法系属于现存的法律制度,如英美法系和大陆法系。一般说来,研究法系的历史是比较法律史的事情,不过,研究当代法系也不能不具备足够的历史知识,因为,它们也是历史地演变形成的。从大处着眼,法系的划分往往是历史与结构、渊源并重的。当然,这只是标准之一,关于这个问题一向是有争论的。目前,对当代主要法系较为通行的划分是三分法,即大陆法系、英美法系和社会主义法系。仔细推敲一下,这样划分也有不少问题,甚至标准也不尽统一,这反映了当代法律制度的多样性和复杂性,这里就不详论了。

法系的比较可以在不同的层次上进行。有些法律制度在历史上是平行发展的,如印度法和罗马法,有的则有过单方面的或相互的影响,如罗马法和欧洲大陆法,或欧洲大陆法与英国法。日本的法制源自中国,后来有了自己独特的发展,又反过来影响了中国法制,这又是一种情况。欧美诸国有着同一的文化背景,但由于各自的历史不同,渐渐衍出了两个不同的法系,一个是在全面继承罗马法学的基础上制定了各种法典的大陆法系,一个是以英国普通法为核心,奉行判例主义的英美法系。后来,又分化出以苏联为首的社会主义法系。这些法系的基本原则和结构往往有很大的差异。比如,在一个法国法学家的意识里,公法和私法的划分简直是不言自明的公理,但是,这种划分对一个英国法学家来说却是陌生的。同样，一个英国律师可以很熟练地区分普通法上的权利和衡平法上的权利,对此,一个德国法学家可能会大惑不解。如果不事先熟悉对方的法律结构和基本原则,法学家之间的交流是谈不上的。尽管如此,这毕竟还不是跨文化的比较,共同点还是多的。如果比较的是东西方的法律制度,情形就很不同了。这里不仅有法律结构上的差异,恐怕对法的最基本看法以及思维方式都是很不相同的。中国社会里"孝道"同法律的关系就是一例。儒家的伦理纲常是中国传统价值体系的核心,它同法律的关系是理解中华法系的关键。由于中国传统文化有一层厚厚的伦理色彩,法律规范和道德规范混淆难分,社会又盛行法外调整,就有人据此认为,中国法律不发达,中国实际上是无法的社会。我看未必。中国是世界上最早有成文法典的国家之一,历代统治者都很重视法典的编纂和修订,早在公元 7 世纪,中国已经有了成熟、完备的法典,其影响及于日本、朝鲜、越南等国,形成了所谓中华法系。此后,中国法制又经历了数百年的发展,法律文献浩如烟海,怎么能说是无法的社会呢? 这里还是个标准问题。依我看,中国的法律是很发达的,但不是在西方惯常的意义上,而要在中国传统文化结构中寻找标准。仅用西方法律观念和评价标准是无法把握中国古代法律的真髓的。对于西方比较法学者来说,这就意味着放弃自己的立场,尽可能去接近另一种文化,以便从一个新的角度观察问题,否则,了解和比较都无从谈起。对于印度、阿拉伯国家和许多非洲国家的法律制度,都有一个变换立场、角度的问题。在这个意义上,宏观比较与文化比较的关系更直接,更密切。

比较法的用途极其广泛。除去它在法学研究和教育中的重要性,在国际公法(主要是外交事务)、国际私法(主要是国际商业交往)以及国内法的重新认识和改造方面,比较法都是不可或缺的。但是,不管在哪个方面,要真正了解一种外国的法律制度,都不能不注意到那些法律制度之外的东西,不能不了解产生这些制度并对之发生影响的社会环境。这在上面都已经谈过了。这里想就国内法的重新估价和改造问题多说几句。我国有几千年的历史传统,形成了自己独特的文化,其中虽然不乏精粹,但有些却是糟粕,这就有个改造、扬弃的问题。对我们民族特有的法律意识也应作如是观。中华民族在近代落伍了,为什么? 它的文化传统(包括法律意识)在其中起了什么作用? 19 世纪末,深受中国文化影响,同属中华法系的日本成功地引进了西方法制,反过来又影响了中国法律的发展,这意味着什么? 一个东方小国一跃成为世界经济巨人,法制起了些什么作用,传统文化又起了什么作用? 从中,我们能获得什么样的启示? 在我国,由清末立法始,也有一个法律西化的过程,从文化冲突的背景来看,它是成功的还是失败的,有没有可资借鉴的经验教训? 这些,是值得大做文章的。现在,我们正努力实现现代化,但是,现代化首先应该是人的现代化。试想,没有法律意识的现代化,怎么可能有法制的现代化? 但是,要改造我们民族的法律意识,就需要重新估价它,需要作一番比较的工作。而第一步,是比较和重新估价我们民族的文化。

从社会的角度看,法是一种社会现象。从文化的角度看,法是一种文化要素。早在 18 世纪中叶,孟德斯鸠就已经有意识地把法律同特定的地理、气候、政制以及居民的宗教、性癖、财富、人口、贸易、风俗习惯联系起来考察了。他的原则是:"我们应当用法律去阐明历史,用历史去阐明法律。"如果把这里的历史二字改成文化,大概还是符合他原意的。被誉为比较法始祖的孟德斯鸠选取这样的角度来探寻"法的精神",的确是意蕴深长的。

比较法的发展已经成为当代法学繁盛的标志,但在我国还是一个有待进一步开发的领域。在我们面向世界、面向未来的身后,是中华民族两千余年的文化传统。这就要求我们尽快培养中国式的比较法学家,建设中国式的比较法学,其原则是:

用法律去阐明文化,用文化去阐明法律。

比较法律文化的名与实 [*]

半年前曾写过一篇文章,题目是"比较法与比较文化"。在那篇文章里,我谈了法与文化、比较法与比较文化的关系,认为,文化是整体,法律是部分,整体决定部分,部分又积极参与整体。最后,我认为我们应该"用法律去阐明文化,用文化去阐明法律"。直到今天,这还是我坚守的信念,不过,当时这么说主要还是侧重于研究的方法,对于自己兴趣所及的对象还不能说有明晰的认识。这个认识是由实践中慢慢得出的。开始,只是抱着上述信念去做,逐渐就走到比较法律文化这个题目上来了。这时,才又觉出理论思考的必要。

今天,谈论文化是很时髦的,但要借助这个概念作些理论思考,却又很难找出一个含义确定的文化概念作为讨论的出发点。有时,文化这个词被用来指人类社会的所有成就,这样,人类后天所获得的一切,语言、文学、艺术、宗教、哲学、科学、技

* 原载《中国文化报》1987 年 9 月 23 日。刊出时略有删节。

术、工具甚至思想和理性都可以看作文化现象。有时,文化只用以指人类后天获得的各种观念、价值的有机整体,亦即非遗传的人类全部精神创制物。在这种比较专门的意义上,它不包括所谓物质文明。似乎,法律文化的概念也可作类似的区分。具体地说,广义的法律文化应该能够囊括所有的法律现象:法律观念、法律意识、法律行为、法律的机构和设施、法律制度和作为符号体系的法典、判例,以及不成文的惯例和习惯法等等。狭义的法律文化则主要指法(包括法律、法律机构和设施等)的观念形态和价值体系(包括知识、信念、判断、态度等),与此有密切关系的人类行为模式也应包括在内。此外这两个概念的差别还可以从另一角度来看。广义法律文化概念偏重于外在的客观描述,狭义法律文化概念则近于内在的主观限定。客观描述可以使用普遍或是近于统一的标准,特别是可以提出一些量化的指标,因此可以说明某种法律文化发达或不发达。使用主观限定的概念就不好这么说,价值判断总是独特的,分析它们的异同可以,断言哪一种更高级些就难了。从这里产生了一个问题,既然这两种概念有如此差异,我们在做研究时应该选择哪个概念呢? 这涉及法律文化的研究对象问题,不能不弄清楚。

实际上,通常所谓西方法律文化的特点,主要是讲它特有的法律观念、法律意识及相应的价值体系。谈及制度、设施等,只是作为观念、意识的外在表征和说明,并非面面俱到的研究。具体问题一向是由各部门法学和基础理论学科去研究的。它们可以有不同的出发点，比如，把法典看成是封闭的逻辑构架，然后以纯粹的逻辑方法分析概念，阐释条文。在这个特定领域，它无需什么文化观点也可以做得很好（每一种方法都有其局限性，因此，方法的多样性和不断更新乃是学术的生命之源。当今中国法学落后的原因之一就在于方法的单一、陈旧）。而以文化观点研究法律，自然要开辟一个新的领域，这个领域好像是文化和法律的最佳结合部，是以文化观点研究法律的最好角度。上文谈到的问题，由"以法律阐明文化，以文化阐明法律"的立场出发，终于走到法律文化的题目之下，看来并非偶然。自然，这里指的是狭义法律文化。现在，可以把问题明确一下。法律文化概念主要包括法的各种观念形态、价值体系和行为模式，法律文化研究则包括这些现象的发生、发展、演变以及它们或隐或显的各种形态。这种研究可以向内、外两个方面展开。向内要研究法律思想、法学流派、法律体系和制度、法律设施、机构和作为符号体系的法典和判例，习惯法和惯例等等；向外要涉及文化系统的其他部分如哲学、宗教、伦理、政治等各领域，更要时时将文化系统作为整体来把握。

上面谈法律文化，解释概念、确定含义，都是从横的方向展开，虽然也提到发生、演变一类过程的研究，对它重历史、传统的特性还是强调不够。在我看来，这个问题值得专门提出。

研究传统似乎是历史的事，但就法律文化这个题目来说，立足于当代也一定要抓住历史。这有几重原因。首先，法律文化研究涉及的多半是宏观现象，把握宏观现象需要距离，这距离就是历史。其次,观念形态不同于物质形态,后者常常可以发生革命性转变,前者却不容易。它有很强的连续性,有时会同物质形态的变化严重脱节。传统这个东西固然是历史的,这只是就其形成而言,若着眼于作用,它又是具体的、活生生的。目前,在中西文化讨论中有一种意见,认为大家所谓西方文化实际上是近代的产物,而中国文化则纯属近代以前的传统。言外之意,以己之短,度人之长,自然要宣扬西方文化,贬抑自家"传统",这是"不公平"的。其实,问题还有另外一面,西方近代文化固然不同于古代的或中世纪的文化,但它是不是包含着某些贯穿始终的东西呢?比如,法治思想、法律至上的观念、权利意识、平等观念、独立的个人人格意识等等,这些都可以上溯到古代希腊-罗马文化。中世纪也不是空白,有很多古代的东西是通过中世纪保存、传播和发展的。没有这些,西方近代文明就不可想象,至少,不会是现在这个样子。当然,具体理论的阐释会有不同,表现形式也未必一样,但有些最基本的东西没有变,或者,后来的东西只是在先前基础上的定向发展。这种情形大概是文明正常发展的一般规律。

我们传统文化的发展没有这么顺利,在 19 世纪东西方文明大撞击的时候,它是失败者,"正常"的发展被打断了。所以,所谓中国传统文化只能是近代以前的产物。不过,我们承认这一点,并没有意思说近代以后"传统"不存在了,自行消失了。恰恰相反,传统文化中以刑为本的法律观、无讼思想、身份观念、等级思想和权力意识,哪一种不见于今天的社会?这些东西或许不符合历史进程，在现代社会格局中没有"合法"地位，但它的存在是真实的，不容否认的。这就是传统。它既是历史的，又是当下的，不可以截然划成两段。在这个意义上，只要是真正抓住了传统，即便以近代西方与古代中国相比较，也会具有一般文化总体比较的意义。更何况，还有文化类型方面的歧异，比如，西方文化中某些非常重要的"传统"，在中国文化中根本不曾有过。总之，法律文化研究少不了要谈历史与传统，否则，就不能深入下去，终究只是现象的肤泛说明。

最后，谈谈比较的问题。

从狭义法律文化概念出发，比较的基础似乎没有问题。观念、意识、价值体系、行为模式，这些往往是最富有独特性的。能够把一种文化与另一种文化明白区分开来的主要是这些东西。换句话说，观念形态、价值体系和生活方式常常是区分文化类型（式样）的基础。提到文化类型，不能不多说几句。

冯友兰先生总结他早年思想的转变，依次提出三个阶段。先是相信中、西文化差异说，继而主张中、西差异实是古今之别。最后则认为，根本差别既非文化，又非古今，而在社会形态。回顾"五四"前后的文化讨论，不难看出这种思想的代表性，而在当时，这种思想确也表现出进步和深化，但在今天看来，终不免有片面之嫌。其实，文化类型的差异和历史阶段的不同都是客观存在的，不好固持一端。着眼于历史阶段，古代中国与近代西方的差别可以归结为农业社会与工业社会、传统社会与现代社会的对立。这只是一方面。另一方面，在同一历史阶段(比如农业社会),甚至在相同或相近的社会生产水平基础上,观念、意识、价值取向,以及它们表现于其中的典章制度、行为模式却可能大相径庭。这类差别往往是质的而非量的,不能靠量的发展而趋同。比如,中国古代法根本不同于罗马法,仅从形态学的角度看,两者都是发达的,差别不是量上的,而是质的不同。因此,仅有时间的延续、量的积累,二者永远不可能走到一起。这类例子极多,许多领域都有。它们所反映的,最终还是与文化类型的差异相关。

文化类型问题之所以特别值得注意,不但因为它是客观存在的,更因为它可以决定文明的发展方向、未来命运。这一点可由世界历史的进程证明。

世界史的形成是 16 世纪以后的事。对中国来说,恐怕要到 19 世纪才感受到这个事实。按照自身类型的规定,它原本不会走到这一步,是一种异己势力强把它纳入到世界历史的轨道中去。由此产生了两个重要结果:首先,文化类型问题与历史阶段(世界史进程)问题纠缠到了一起,它们的关系自然也成为大家关注的问题。其次,由于类型规定与世界史进程相左,传统文化面临解体的危险。这个解体大不同于西方古代文明或中世纪文明的解体,在那里,新的是从旧的当中孕育产生的,有些传统可以也应该被继承下来。这在上面讲传统时已经提到。而在中国,由于旧的类型规定与现代化要求正相矛盾,解体就不能不彻底。以近代法律变迁为例。西方近代法制的建立,除资产阶级的历史要求之外,经中世纪发展整理的罗马法和习惯法以及中世纪的海商法都是重要渊源，而法律文化的渐进性尤为明显。中国的情形则不同，近代，尤其是辛亥革命之后的法律变革乃是真正的革命，是从术语到体系、从观念到思想的彻底变换。这种文明史上不可多见的现象只有以文化类型的差异来说明（自然是在世界史演变的背景之下）。当然，所谓彻底变换云云，首先是历史本身的要求，实际变换程度如何，要看其他因素，也要看事物的性质怎样。一般来说，革命最先发生在政治领域，导致社会结构中"硬件"部分如政治制度、法律制度的改变，然后才波及社会文化领域。由于各种各样的原因，文化，特别是其中价值观念的改变总要困难些，费时亦多。这样就容易产生和扩大观念与制度、现状与要求之间的差距。可以说，这是我们今天仍然面对的一对矛盾，也是人们重开传统文化问题讨论的主要原因。如此看来，法律文化的比较基础在历史（文化类型）和现实（传统以及传统影响下形成的新的法律文化）两方面都是具备的，而在一种历史使命感的支配之下，比较法律文化应该是同时兼及文化类型与历史进程两个方面。

比较的基础解决之后，还要就可比性问题补充几句。两样东西拿来相比，若不属同一类别，又没有统一标准，恐怕很难作出评判。前一个问题容易解决。既然研究的对象都是法律文化，关于法律文化又有统一的定义，那就事先确定了可比的前提。问题在于，狭义法律文化的内容总是属于特定的人群。类型的差别是质的，不能量化，实际是缺乏同一种标准。这涉及文化的相对性，若就文化本身来下判断，确实有困难，但还是可比的。从"五四"到今天，大家把西方近代文化（传统成功的例子）与中国传统文化（传统失败的例子）相比较，进而提出传统文化的批判、改造、更新等主张，实际也是围绕着现代化这个主题的。自然，1980 年代中国的比较法律文化研究离不开这一点，这也是上面说的使命感 。

　　这里所谈的，只是关于比较法律文化的一些理论思考，因为是散文式的漫谈，难免带有很大的随意性。这是我不愿提比较法律文化学的一个理由。不过，更重要的原因恐怕还在于，完整地阐述一门学科（可能还不曾建立起来）的理论会有种种特殊困难，漫谈的方法，即便不能完全避开这些困难，或许还可免遭专家们的苛评。否则，那些不成熟的意见可能永远不能面世了。

身份社会与伦理法律[*]

中国法律与中国社会,这个题目实在是够大的。手头这本瞿同祖的《中国法律与中国社会》(北京:中华书局,1986年),言及自汉至清两千年间法律的演变,是一部道地的法律史论著。但与同类著作相比,其写法却别具一格。全书共六章,头两章写家族,接下来两章写阶级,最后,一章写宗教与巫术,一章写中国历史上的礼法之争。表面上看,这种体例只是几个专题的集合,实际却是作者一番苦心安排,为的是要得出一个合乎逻辑的结论。"结论"就写在书后,读者可以自己去读,去评断。这里,我只谈我看到的东西,归纳起来,有两个命题:第一,中国古代社会是身份社会;第二,中国古代法律是伦理法律。虽然是两个命题,实际上却分不开。两个方面合起来,就接近了中国古代法的真精神。下面一并来谈。

现代文明社会有普遍之公民权。除极少数例外,所有人到

了法定年龄都可以获得公民权,并不因为他是父或子、官或民而有不同。不过,这只是最近一两百年的事情,再往前,无论东方、西方都不是这样,那时,一个人在法律上的权利和义务,往往取决于他先天或后天具有的身份。换言之,法律根据种种不同的身份确定人们相应的权利或义务。如果这种情形极为普遍,构成社会的常态,这种社会就可称之为身份社会。古代中国乃身份社会,而且独具特色。特色就在"名分"二字。名分这个词自然可以用在社会阶级的领域,但它首先是个伦常概念,这才是根本。从性质上说,伦常是家庭关系的抽象化;从逻辑上说,它是古代中国身份社会的起点。瞿同祖先生开篇第一章先谈家族,的确富有深意。

古人推重名分,尤重伦常。重视到什么程度呢? 父母控告子女,无须举证,子女更无申辩之权。法律规定:"父母控子,即照所控办理,不必审讯。"(《清律例》二八)父母的身份即是最权威的证据,法律只看名分,不问是非。反过来,子女对父母须以恭敬顺从为本,否则将不容于社会与法律。比如,常人相骂并不为罪,子孙骂父母、祖父母却是犯罪,按唐、宋、明、清法律当处绞刑。古代法中有关这方面的规定极为琐细缜密,不厌其烦,不惮其详。原则总是一个:家族高于个人,名分重于责任。由此产生了一些独一无二的制度,真正是具有中国特色,如容隐,如复仇。

孔子云:"父为子隐,子为父隐,直在其中矣。"(《论语·子路》)汉律亲亲得首匿,就是以此为依据的。宣帝本始四年(前

70 年)的诏书曰:"父子之亲,夫妇之道,天性也。虽有患祸,犹蒙死而存之。诚爱结于心,仁厚之至也,岂能违之哉!自今子首匿父母,妻匿夫,孙匿大父母,皆勿坐;其父母匿子,夫匿妻,大父母匿孙,罪殊死,皆上请廷尉以闻。"(《汉书·宣帝纪》)站在皇帝的立场上,竟怂恿臣下互相隐匿罪者,实在是很奇怪的。但是,如果把这条法律放在中国古代社会的大背景下看,却也合情合理。事情出在标榜以孝治天下的汉代,更是顺理成章。此后,唐、明、清法律又屡屡扩大容隐范围,把这种精神发扬光大。

一般说来,实施容隐原则不啻是对国家利益的损害。但在古代中国,也不尽然。在传统观念中,家、国相通,君、父,忠、孝相连。治家与治国,道理也都一样。"其为人也孝弟,而好犯上者,鲜矣;不好犯上,而好作乱者,未之有也。"(《论语·学而》)孔子说这话时大概还新鲜,后人不断重复之,发挥之,丰富之,把这一类话说得又多又滥,却也足以说明上述根深蒂固的观念。所以,历代统治者倡导孝道,表彰孝行,不惜屈法伸情,其中,除作为社会一般价值观念的反映之外,也不乏利害关系的考虑。但是,家与国的差别毕竟是客观存在的,因此,想要忠、孝两全的法律就常常进退维谷,无所适从。这方面最典型的例子怕要算复仇。

在国家权力尚未发达的远古社会,基于血亲关系的复仇极为普遍。直到上个世纪,在一些不甚发达的社会组织里,这种风习依然很盛。如梅里美笔下的科西嘉人,行血族复仇累世而不休。因此,古代中国保有这种遗风也不足为奇。不过,同是血亲复仇,性质却不尽相同。如果我们仅从人类学角度来观察古代中国的血亲复仇,就将大错特错。据瞿同祖先生的意见,至少在西汉末年就有了禁止血亲复仇的法律。在完备的国家机器产生以后,血亲复仇便不再是合法的了,这是通例。然而,通例之外又有特例,中国便是。这里的例外并不在于社会赞许血亲复仇,而在于法律不能无条件地禁止这种行为。东汉以降,历代王朝都明令禁止复仇,宋以前,处刑也严。宋律已有转变,视之为特殊情形予以考虑。元律认为子报父仇无罪,这算例外。至于明、清,法律稍加变通,分别情况予以免罪或杖六十的处分。更值得注意的是,就在法律明令禁止复仇的年代,复仇者也往往会因社会上下一体的普遍同情而得到赦免。

当然,只是在家与国、孝与忠的矛盾还不是绝对不可调和的情况下是这样。否则,又当别论。据历代法律,凡罪涉谋反、谋叛、谋大逆等直接危及皇权、国家的情事,什么容隐、子孙不得告父母、子报父仇,都化作乌有,犯者定严惩不贷。其本人身首异处也许还算侥幸,弄得不好还要株连三族乃至九族。国与家,忠与孝,孰重孰轻,岂非一目了然。其实,法律规定虽畸轻畸重,甚至截然相反,其内在精神还是基本一致的。说到底还是以纲常名教为归依。所以,血亲复仇远非上古遗风的简单再现,而是一种文明社会的变种。又所以,法律使尊者尊,卑者卑,亲者亲,疏者疏,把家的伦常变为国之法律。古人的个人意识不发达,家的意识却极强烈。哪怕贵为天子,首先也是孙子、儿子、兄弟……总之，是家族一员。有悖伦常，即使不受法律处分，一般总是要倒霉的。这并不是说，家是第一的存在，高于一切。实际上，在古人的观念里，家、国是分不开的。一方面，家的伦常构成名分的基石；另一方面，君、父、家、国浑然不可分。由伦常推演出各种社会制度，原是中国古代文化特点之一。正因如此，家族之后再看社会，问题就比较简单明了了。

身份社会中人，当具有双重身份，即家族的和社会的，二者通常保持协调。如古代罗马，家父权盛行时，罗马市民与外邦人界限亦分明。帝国后期，公民权渐至普及，家父权也愈来愈小。不过，在欧洲历史上，身份主要表现在社会阶级、阶层方面，不像古代中国，以家族为核心，为起点。在中国古代社会，家族与社会，同样受名分的支配。社会阶级关系虽不似家族关系那样繁杂，身份制度却同样森严。按瞿同祖先生的划分，社会阶级（或阶层）可分而为三：贵族官吏、良民、贱民。

阶级、阶层的分野乃是文明社会的普遍现象，但在身份社会中，这种分野同时兼有身份的意义，如近代以前的欧洲和中国。不过，与古代中国这种道德、礼仪之邦相比，欧洲的所谓"等级森严"实在不算什么。至少，物质享受取决于一个人的消费能力和他的欲望，并不受身份（法律的和道德的）限制。所以，我们在欧洲历史上屡屡可以看到卑下的资产者成为高贵的王公贵族的债权人。富、贵的差别不仅存在，且为社会、法律所认可。没有这种传统，古希腊、罗马平民和近代欧洲资产者的历史都要重写，西方文化也绝不会是今天这个样子。中国古代社会的发展即可为一反证。《新书》云："奇服文章以等上下而差贵贱。是以高下异，则名号异，则权力异，则事势异，则旗章异，则符瑞异，则礼宠异，则秩禄异，则冠履异，则衣带异，则环珮异，则车马异，则妻妾异，则泽厚异，则宫室异，则床席异，则器皿异，则食饮异，则祭祀异，则死丧异。"从天子到百姓，中间有无数的级差，表现在日常生活中，则饮食、衣饰、房舍、舆马、婚仪、丧葬、祭祀等皆有等差，其中，每一项又有许多细微的差别，如衣饰一项，颜色、质地、皮毛、冠履、佩饰都因身份而异。即或是公服朝服，由于品级不同，冠式、冠饰、服色、花样、腰带、佩绶、朝笏等也各不相同。总之，衣食住行、婚丧嫁娶，无处不体现出名分的差异。违反了它就是逾制，为国法所不容。当然，如此琐碎的规定不可能一一见诸法条，法律只明定违制的处分，详细规定则在礼书、会典及各朝敕、条、例中。礼法结合，这也是极为重要的一个方面。尽管这类琐细规定实际上未必都能严格遵行，但从礼法规定本身，不正可以看到体现于名分原则之下的富而且贵的传统吗？古代中国不曾有类似于古希腊、罗马或欧洲中世纪城市平民那样的社会集团，没有同样的平民与贵族的对抗，更没有由这种对峙中产生的政治、法律和道德意识，都与上述传统有关。它的影响极为深远，中、西社会发展的差异也可从中得到部分说明。

上面说的，偏重于阶级差别在社会生活方面的表现，现在要谈它们法律地位的不同。

贵族官吏享有种种特权，这有很古的渊源。"刑不上大夫",这句话已为大家所熟知。但后人解释颇多歧义。瞿同祖先生有自己的理解,立论有据,成一家言。兹不赘述。总之,"刑不上大夫"有特定的时代意蕴,虽然不排斥对士大夫的处分,到底出于名分的考虑,强调的是优遇。而这一点正是古代中国的一贯精神。许多朝代的法律都规定,除非得到皇帝的许可,司法机构不得擅自逮捕、审问贵族、官吏。涉及诉讼事宜,则不使之与民对质,更不得强使出庭答辩。即使犯罪,他们也不受刑讯,审问之后,法司亦不得依普通司法程序加以裁断,须分别依其身份、品级奏请皇帝定夺。至于最后判决的执行,水分更大。贵族、官吏通常可以罚俸、收赎、降级、革职等方式抵刑,反映在法律上主要是议、请、官当等制度。历代关于这方面的规定不胜其多,无法一一列举。这里,有两个问题特别值得注意。第一是"官"的概念问题。古代所谓官,与其说是一种职位,毋宁说是一种身份。所以,一获得这种身份,就可以享有种种特权。"他可以不受普通法律的拘束,还可以他的官位去交换他的罪刑,好像他以私人的奴婢、财产去赎罪一样。"(《中国法律与中国社会》,第218页)特别是,一日为官,只要非因重大过失而革职,即便去职,特权依旧。"我们或可说在通常情况之下所丧失的是职而不是官,所以致仕官的生活方式同于现任官,法律上的种种特权亦同于现任官。"(同上)瞿同祖先生的看法是很有见地的。第二,官吏特权可以荫及亲属(无论生活方式如房舍的多寡,或法律地位如犯罪减免),当然,法律对这些人的殊遇是根据官吏本人的身份、品级以及他们之间亲疏远近的关系来确定的。在一个以家的伦常为核心的身份社会里,这是必然的结果。这里,社会身份与家族身份交融于一,其出发点还是骨肉慈孝那一套。在古人的意识里,无论如何也无法把个人从家族当中抽取出来。所以,对荣耀者的推恩和对犯禁者的株连,一正一反,体现的是同一种精神。一荣俱荣,一损俱损,荣则为裙带,损则为株连,正反映出根深蒂固的血缘家族意识,有极其深厚的历史、文化基础。

由士大夫阶级的种种特权,正可反观庶民乃至贱民的卑下。在古人语汇里,贵贱之分即可指贵族官吏与民的差别,如果从法律的角度来看,则民有良、贱之分。贱民又有若干等级,最下层的要数"律比畜产"、"同于资财"的奴婢了。良、贱之间有种种禁忌,不得逾越,良、贱相犯,根据双方身份予以加重或减轻处罚。如果良、贱之外还有主、奴关系,则愈重或愈轻。再若主人同时又为官,又要加等。良、贱之间还有一种身份特殊的人,即雇工人。本来,雇工人各方面都不同于奴婢,但因受雇于人,遂有主、仆之分,因此不得视同良民。雇主与雇工人之间的纠纷,适用有关主、仆的法律规定。如雇主得因其违反教令而予责罚,不意致死或过失杀死者皆勿论。这就是名分,到处都可以看到它的幽灵。

总之,社会也好,法律也好。一切都围绕着这个"名分",它是伦常,是纲常名教,是富于差别性的礼。所以,社会乃是身份社会,法律乃是伦理法律。又所以,国家与家族、法律与伦常经常是混淆不分的。其实,又何尝只是法律制度?古代中国有哪一种观念、制度不曾打上纲常名教的烙印？在某种意义上或许可以说，哲学（本体论、认识论、宇宙论）、宗教、伦理、法律、医学等许多重要学科都不曾获得纯粹形态或独立地位，而是以一种奇妙的方式彼此渗透在一起。这种文化一体化的特点决定了中国古代法的研究方式，应该尽可能从总体入手，在中国文化的总精神中探取法律的精神（否则，难免就事论事，停留于表面的叙述、说明，时下有些法律史方面的论著、文章之所以予人以枯燥、空泛甚至模式化之感，大多与此有关）。再者，要说明什么是中国特色，必定要与外国作一番比较，否则是难以说清楚的。比较的目的是要找出异同点，所以，不能一提中国古代的家长权，就以古罗马的家父权相比，只说上古社会家族观念发达云云，此外再无下文。在古罗马，家父权只是单纯的法权，国、家不相混，法与道德两清。在中国，长幼亲疏被认为是永恒的秩序，天不变道亦不变，法律常常只是附加了刑罚的伦常。这种差异对两种法律制度乃至文化的发展，都有至为深远的影响。可见，只求其同，不见其异的排比、罗列是不可取的。总之，文化之整体的比较的研究，乃是探索中国古代法精神的必由之路。本书的得失也恰好表现在这两方面。

近四十年来，有意识地从这两方面研究中国古代法而卓有成效的，以我的浅学所见，本书是仅见的一例。从历史学、法律学、社会学以及文化人类学的角度研究中国古代法，充分利用古代法律文献以及包括野史在内的历史资料，大量使用案例，注意律文之外之后的观念、意识、民俗、风情，于变中见不变，在现象中求本质,这些正是本书之所长。也是由于这个缘故,瞿同祖先生对中国法律史上的许多问题常有独到的见解,有力的论证,透彻的说明。这部初版于 1947 年的论著,今天读来仍能启人神智,令人耳目一新,当然不是偶然的。只是,今天看来,本书的不足也正在于对上述两方面强调不够。书中虽设有专章探讨传统法律思想,但较少从传统文化整体的角度来把握问题,这样,专论宗教与巫术的第五章就显得游离于全书结构之外,砍掉似亦无妨。设若有明确的整体文化意识,全书六章可很好地统一起来。不过,这个问题也许还在其次。更重要的是,本书缺乏宏观的中外比较,这就大大妨碍了本书宗旨——探索中国古代法真精神——的实现。本书所涉中外比较多在人类学方面,而且过于细小,又很少分析其中的异同。所以,本书虽通篇讲的都是这个伦理法律,最后却没有进一步的抽象、升华。当然,也就谈不上在更高的层次上比较中、西法律文化的异同了。实际上,这方面的深入研究对于准确地把握中国古代法的精神,认识它对于中国法律前途(包括今天)的影响,并给予恰当的评价,实在是至关重要的。

不同的时代,要求于我们的也不同。对一部写在 40 年前的著作提出上面种种要求,未免苛刻,更何况,这样的著作即便在今天也仍嫌其少,不惮其多。

我期待着新的《中国法律与中国社会》问世。

"礼法"还是"法律"[*]

亚里士多德《政治学》第一卷第二章：

> 人类由于志趋善良而有所成就，成为最优良的动物，如果不讲礼法，违背正义，他就堕落为最恶劣的动物。（［古希腊］亚里士多德：《政治学》，吴寿彭译，1253ª30，北京：商务印书馆，1981 年）

初读这段文字，颇有些不解。人无礼法，即与禽兽无别，这本是我们老祖宗的信念，作为西方政治学的鼻祖，亚里士多德何以也出此言？莫非古代希腊的哲人也有与东方先哲完全相同的思虑？或者，这只是中译本中的一处"误译"？想到中、西两种文化类型的差异，以及由此产生的文化语汇上的歧异，这也不是不可能的事情。笔者不谙希腊文，无以核对原文，这一猜测亦只好在历史中加以印证。不过，也不妨预先找些旁证。

* 原载《读书》1986 年第 9 期。

罗素《西方哲学史》：

亚里士多德说创立国家的人乃是最伟大的恩主；因为人若没有法律就是最坏的动物，而法律之得以存在则依靠国家。（［英］罗素：《西方哲学史》［上］，何兆武、李约瑟译，北京：商务印书馆，1981 年，第 241 页。重点号原文即有）

这是一段引述的话，虽然可以代表罗素本人的看法，未必是忠实的译文。我们再看一段。

亚里士多德说："人在达到德性的完备时是一切动物中最出色的动物；但如果他一意孤行，目无法律和正义，他就成为一切禽兽中最恶劣的禽兽。"（［意］托马斯·阿奎那：《阿奎那政治著作选》，马清槐译，北京：商务印书馆，1982 年，第 116 页。重点号为引者所加）

这段话据拉丁文和英文对照本译出，应该说是比较可靠的。不过，这些毕竟都是中译文，为慎重起见，最好直接查阅英译文。

Man, when perfected, is the best of animals; but if he be isolated from law and justice he is the worst of all. (Aristotle, *Politics*, 1253^a 25, trans. Ernest Barke, New York: Oxford University Press, 1995)

这里用的正是"法律"一词。

中译"礼法"在英译文中竟成了"法律",这个变化十分有趣。究竟"礼法"还是"法律"更符合亚氏原意,这个问题暂可不论。首先弄清二者异同倒是很有必要的。

礼法也好,法律也好,都是一定的社会规范。不过,就二者范围而言,法律远较礼法为狭。相对于道德、宗规、习俗、礼仪,法律只是各种社会规范的一支,有比较确定的内涵。礼法则不然,它包罗万象,几乎是全部社会规范的总和。举凡伦常纲纪、礼仪习俗、法律政令、典章制度,都可以归在礼法里面。在这层意义上,它是不易确定,难于把握的。这或许可以部分地说明,为什么在现代生活中,"礼法"竟成"死语",而舶来品的"法律"倒成了正宗。

说"法律"是舶来品,可能要损伤国人的自尊心,但这是事实。中国人大谈"法"、"律",至少也有两千年历史了。管子云:"法律政令者,吏民规矩绳墨也。"这里,"法律政令"虽然连用,仍不过是单字的集合。要把"法"、"律"改造成一个有独立意义的合成词,还要等两千年,直到 19 世纪末叶,那个"弹丸小国"的东邻把用我们的材料加工成的各色货物,暴雨般倾泻在我们的生活中。只说改"法"、"律"为"法律"这一项,就不能不叹服日本人的聪慧与独创性。有了这项创造,我们才开始窥见另一世界的奥秘,尽管这种反省并非时时都有,人人所能的。

"法律"与"法"、"律",实在是两种很不相同的东西。前者虽然是中国的"原料",日本的"成品",根子却深植于西方的土壤。西人的法观念怎样,这里不可详论,不但因为其定义繁多,更因为观念有一时一地的差异,难以一言尽之。所能做的,是找出一两种恒久的传统,可以为叙述的前提,也可以为参照的依据。

还在古代希腊的成长时期,法律就已被人看成权利的保障。如智者吕哥弗隆所言,法律只是"人们互不侵害对方权利的保证"。久而久之,表明法律的那个字竟与权利成了同一个字。如拉丁文的 Jus 或法文的 droit。这就产生了两个重要结果,其一,权利多种多样,有政治的、经济的和社会的,于是,法律保障权利的功能也不能不扩展到社会的各个领域。其二,权利总是彼此冲突的,不但个人之间如此,社会集团之间亦如此。所以,对权利以及权利的保障可以有完全不同的价值判断。由此衍生出正义的观念。这样,法律又一般地同正义产生联系(justice,即正义,另一含义是司法)。这两点,在我们的"法"、"律"里面是看不到的,因为它们开始就与权利无缘。先秦言法,商鞅以后则改说律,其实,这两个字可以互注,意思是一样的。"夫法令所以诛暴也"(陆贾:《新语·无为》),其意在"禁暴止奸",使百姓"畏而知警,免罹刑辟"(康熙上谕,《大清圣祖仁皇帝实录》卷八十四)。这差不多就是中国古代法的唯一功能。用今人的法律观来衡量,这种以刑惩为能事的"法"、"律"不过是现今众多法律部门中的一支,而且未必是最重要的一支。弄清了这一层,我们就可以明白,为什么中世纪的罗马法学者可以把法律看成是组织社会的基本模式，我们的先人却不可以；为什么西人会有法律至上的信念，中国人却不会有。

说到至上的信念，中国人也是有的，相对于西人的法律至上，我们可以说中国的传统是道德至上。

"礼法"连用，大概是汉以后才时兴起来的。先秦儒法之争，主要是礼与法、德与刑的对立。儒法合流，"礼入于法"，乃是汉代以后的事情。不过，虽则"合流"，主次还是分明的。所谓"德主刑辅"，所谓"明刑弼教"，突出的乃是礼对于法的支配，法对于礼的服从。使父子得相隐匿；列服制图于律首，按血缘亲疏定罪，这些都是很好的例子。其实，把法律的目的说成是对于善德的促进，也是西方的一大传统。所不同者，亚里士多德倡言的善德绝非"君君臣臣父父子子"的礼，而与古代社会的正义论有密切关系。再者，法律要促进善德，却不可以泯灭它与善德的界限。托马斯·阿奎那将人法置于神法之下，使人法服从于神法，但他不允许人法干预灵魂的事情。洞悉人的内心远非人力所能及，那是神法的职责。中国人不然，汉儒董仲舒以春秋大义为断讼依据，讲的是"原心定罪"。法律可以直探人心，这要归因于礼与法的合一。古人有"礼防"一说，强调的是礼"禁乱止恶"的功能，"夫礼，禁乱之所由生，犹坊止水之所自来也"（《礼记·经解》）；它与法的不同，在于它只是"禁于将然之前"，而法则是"禁于已然之后"。（《汉书·贾谊传》）由于古人的法观念以及他们对于礼、法的看法，礼往往直接转化为法律规范，"法"则不过是罚则。古人云："礼之所去，刑之所取，失礼则入刑,相为表里者也。"(《晋书·刑法志》)"人心违于礼义,然后入于刑法。"伦理纲常因为附有罚则而变成了法律,它对于人心的要求因此外在化为强制性的制度。《唐律》规定,父母在不得别籍异财,否则即为不孝之罪,依律处徒刑三年。因为此举"不仅有亏侍养之道,且大伤慈亲之心"(瞿同祖:《中国法律与中国社会》,第16页)。又,父母虽亡,丧服未满而别籍异财者同罪。这里,法律所惩处的乃是其"忘亲之心"。综观世界各民族法律史,这种情形即便不是中国所特有,也肯定是以它为最甚的。无怪乎黑格尔曾发出这样的议论:"中国人的道德上的各种规律和自然法则一样,都是外部的实证命令,强制权利与强制义务,或者彼此之间的礼仪规律。……道德是国家的事务,并且是由政府官吏与法官执行的。"([德]黑格尔:《历史哲学》,王造时译,生活·读书·新知三联书店,1956)先人的道德至上到了这种地步,实在是一大不幸。因为,法律做它力所不及的事情,只能是造成普遍的虚伪。道德的外在化最终可能取消道德本身!

礼法与法律既有如此深刻的差别,怎么可以用来译同一个词呢?手边没有完整的英译本,英译采用"law"(法律)一词的理由便无由知道。中译者吴寿彭先生倒有一段解释,说明他采用"礼法"一词的缘由:

"诺谟"主要是解作"法律",而各种"制度"也叫"诺谟"……古时有些或行或禁的日常事例,经若干世代许多人们仿效流传而成"习俗",便是"习惯法"……又,初民祭

神的某些仪式有时传布为社会共同遵循的礼节;各族先贤
因大众的常情而为之节度,"礼仪"也可说是古代的生活规
范。这些在希腊语中全都说成是"诺谟"。在近代已经高
度分化的文字中实际上再没有那么广泛的名词可以概括
"法律"、"制度"、"礼仪"和"习俗"四项内容;但在中国经
典时代,"礼法"这类字样恰也常常是这四者的译称。([古
希腊]亚里士多德:《政治学》,第170页注1)

这样说来,以"法律"(1aw)作"诺谟"的对译不甚合适(虽
然"诺谟"主要是解作"法律")。不过,代之以"礼法"也未必恰
当。虽然法律与其他各种社会规范的合一乃是早期社会的一
般特征,但是,共同的语言现象往往掩盖着极不相同的内容实
质。这一点由上文的分析即可证明。如果说,"法律"与"诺谟"
的差距源于古今之别,那么,"礼法"与"诺谟"的不同则植根于
中、西两种文化的深刻差异之中。

吴先生是否有此自觉,或自觉到什么程度,我不大清楚。
他之所以采用"礼法"一词,我想可能不外乎下面三种原因:第
一,认为"礼法"正合"诺谟"原意;第二,虽非如此,但认为"礼
法"最接近"诺谟"原意;或者第三,虽认为二者有巨大差异,但
考虑读者(当然是中文读者!)的文化背景,姑且用之。这三点
原因同样可以用来解释英译者的选择。但不管是出于什么原
因,礼法与法律这两种译法表明的正是两种不同的文化态度,
两种迥异其趣的文化本身。

"从身份到契约"：社会关系的革命[*]

——读《古代法》随想

　　研究古代社会可能遇到种种的繁难不便，史料的稀少即是其一。在少而又少的材料中鉴别、评定，找出真正有价值的史料，则属另一种困难。

　　19世纪英国法律史大师梅因提出了三种原始材料让我们注意。第一种是观察者对同时代较落后文明的记事，如塔西佗的《日耳曼尼亚志》。这类材料的可信程度较高，可惜数量极少。第二种是古人保存下来的关于他们自己早期历史的记录。这类材料数量固然可观，其可信程度却未必能成正比。关于这一点，只要了解一下我们自己的历史就够了。第三种材料颇为特别，那就是古代的法律。（见［英］梅因《古代法》，沈景一译，北京：商务印书馆，1984年，第69—70页）

---

　　* 原载《读书》1986年第6期。

　　法律，尤其是古代法，并不像一般认为的那样，只是一种非常专门化的制度。它实是一面能够全面反映人类物质生活和精神生活的镜子。而且，由于种种原因，这种材料虽然不一定能够完整地留传下来，但多半是真实地保存下来了。因此，从这类特殊材料中，我们不难窥见各种古代文明的面貌，那些文明的创始者们，他们的思虑、生活、信仰、偏见……如果我们所注意的不仅是古代法，同时还是法律由古及今的运动，那我们就有可能描画出一幅人类社会的进化图景了。

　　古代文明形态各异，但有一个近乎相同的起点："人们不是被视为一个个人而是始终被视为一个特定团体的成员。"（［英］梅因《古代法》，第105页）换句话说，社会的单位是"家族"而非"个人"。由此产生了一些法律上的重要特征。首先，"个人并不为其自己设定任何权利，也不为其自己设定任何义务。他所应遵守的规则，首先来自他所出生的场所，其次来自他作为其中成员的户主所给他的强行命令"（同上，第176页）。进一步说，权利、义务的分配决定于人们在家族等"特定团体"中具有的身份（贵族或平民、父或子、夫或妻等）。其次，财产权利与亲族团体的权利纠缠在一起，难以分离。在古代罗马，很长一段时间里，遗嘱不是分配死者财产的方式，"而是把家族代表权移转给一个新族长的许多方法中的一种"（同上，第111页）。在当时，继承本身主要是一种使死者的法律人格（身份）得以延续的手段（所谓"概括继承"）。财产的移转不过是其中一个附带程序，并不特别重要。再次，"个人道德的升降往往和个人所隶属集团的优缺点混淆在一起,或处于比较次要的地位"(同上,第73页)。实际上,不特道德责任如此,法律责任也是如此。古代法典中大量关于"株连"和血亲复仇的规定都是这种团体责任观念的表现。

显然,具有上述特点的古代法不会向后人贡献出一部像样的民法,因为,它所代表的那种社会关系极大地阻碍了民事法律关系的发展。后者要求的是人们之间的平权关系,是方式尽可能便利的财产流转。这一要求的实现,意味着社会关系方面的一个重大转变。而这样一个转变,至少在西方文明所及的范围内是确确实实发生了:个人逐渐从家族中间分离出来,成为法律所考虑的独立单位。相应地,摆脱了繁复身份关系的纯粹财产形式也慢慢地出现了。在罗马帝国后期,这种情形就表现为家父权的式微,帝国公民权的普及和无限私有制原则的确立。这个转变的完成,在古代罗马用了差不多一千年的时间,若从西方历史上看,时间更长。虽然这个行程一再被历史事变所延缓甚至阻断,但它不曾永远停滞下来,而是顽强地持续着,一直到19世纪,即便是在今天,人们仍然能够感受到这一历史巨流的冲击。关于这个伟大的进程,梅因总结说:

> 所有进步社会的运动在有一点上是一致的,在运动发展的过程中,其特点是家族依附的逐步消灭以及代之而起的个人义务的增长。……用以逐步代替源自"家族"各种权利义务上那种相互关系形式的……关系就是"契约"。……

可以说，所有进步社会的运动，到此处为止，是一个"从身份到契约"的运动。（［英］梅因《古代法》，第96—97页）

这是《古代法》中最为精彩的一段话，尤其是"从身份到契约"一句，久为人知，已经成为一个著名的社会进步公式。

按照最一般的定义，契约乃是一种基于自由合意产生的关系。身份则相反，在《古代法》一书中，这个词是指一种与合意无关的"人格状态"。在有的社会里，这种常驻不变的"人格状态"成为确定人们权利能力和行为能力的基准，而在另一些社会中，构成社会基本联系的是充满选择和变易的契约关系。这就是我们在欧洲古代与近代的两极看到的情况。在欧洲历史上，社会从这一极到另一极的运动，伴随着社会、物质和精神的一系列革命。谁也不能否认，个人意识的觉醒，人人平等理论的深入人心，正是这个伟大运动中最持久、最明显的胜利之一。

"所有法国人都享有民事权利。"这是1804年《法国民法典》的第一个条款（按法典编排顺序，这个条款应为第八条，但从逻辑上说，它却是整部法典赖以建立的基本前提。这里所谓"第一个条款"正是在这个意义上说的）。所有现代意义上的民法典都是依同一精神建立起来的。因此可以说，这寥寥十数言里包含着一个崭新的原则，在社会关系领域，它意味着一场革命性转变的到来。把这个革命性的转变归结为契约关系的确立，实在有着超出单纯法条之外的含义。这里，我们不妨更进一步，对契约关系（相对于身份关系的那种社会状态）所包蕴着的社会历史内涵略加阐扬。

作为自由合意的产物,契约关系首先是一种理性关系。关系的双方不仅作出了一项自由的选择,而且都清楚地知道这种选择的意义,了解这种关系的全部内容以及他们各自的权利和义务。自然,这是以个人充分意识到自己的责任为前提的。所以其次,契约关系意味着个人意识的发达。在这个意义上,"从身份到契约"的公式也可以转换成"从团体本位到个人本位"的等式。说个人本位也许不易为人所理解,说个人主义似乎大家都懂,却难以为人所接受。在中国传统文化的语码中,这个词通常含有自私自利、损人利己的意味,明显地带有贬意。然而,恰恰是在这个问题上,人们可以看到中国传统价值观的偏见。因为,所谓个人主义,作为家族主义或团体主义的对立物,是指一种自主人格的主张。一个人意识到自己的独立存在和价值,他不但要维护这种价值,而且要对自己的行为负完全责任。现代民主政治中的公民意识必以这种个人主义为前提。再次,契约关系中的个人乃是平等的原子,至少,法律假定所有人都是平等的,并依此赋予人们同样的权利能力。在这个基础上形成的关系,是自由的和平等的,具有开放的和积极的性质。应该说,它是实现现代经济生活必不可少的条件。最后,契约关系必然表现为法律关系。在一个只重身份的社会里,把社会成员团结在一起的可以是各种不同身份本身所具有的权威和强制性。但在一个需要相互协作的社会里,能够把无数独立而平等的个人维系在一起的纽带却只能是法律的。只有法律这种非人格化的制度才能做到一视同仁地对待每一个人。实际上，契约关系中个人的平等也只能是法律上的平等。或许可以说，这就是近代西方资产阶级法治赖以建立的社会学基础。

这里须要说明，上面的分析首先是理论上的，完全符合这种理论的关系在现实中是不存在的。但这并不妨碍我们根据某些基本特征，把社会归入不同的类型，并且把它们的转换说成是"从身份到契约"的运动。

在对契约关系的一般社会历史内涵有了基本了解以后，我们还可以换个角度，从社会形态方面考察这个进步公式的意蕴。

我们都知道，欧洲18世纪启蒙思想家最喜爱的口号是"理性"、"自由"、"平等"。资产阶级最早的政治理论是"社会契约论"。这当然不是偶然的。如果说，近代资本主义在经济上表现为发达的商品生产，政治上表现为代议制，思想上表现为个人意识的觉醒和对理性的崇尚，那么，在社会关系方面，它正好表现为人际关系的契约化。我们可以毫不夸张地说，没有这一社会关系（包括相应的价值观念）领域的变革，近代资本主义生产方式乃至一切现代化成果的取得都是难以想象的。这里要特别指出，上面几项判断都是不可逆的，因为，判断的后项明显大于前项。正好比国家管理和决策程序的民主化、理性化是现代社会的重要标志一样，契约关系首先是发达的商品经济和民主政治的表现，是构成现代生活各种社会关系中的最基本形式。与资本主义生产方式的单一概念相比，它具有更大的包容性。在这个意义上,我们又可以把"身份"与"契约"看成传统社会与现代社会的根本差别之一。

显然,梅因的古代法研究具有哲学、历史学、政治学和社会学等多方面的理论价值。他提出的"从身份到契约"的公式,不管曾经引出过怎样的辩难与批评,毕竟是从法律史角度深刻描述了两千余年西方社会的一个根本性转变。不过,真正能够激发起一个当代中国人兴味的,毋宁是下面这类问题:梅因的进步公式是否具有普遍的意义,特别是,今天的中国人是否能借助这个公式对自己的文化传习和现代化问题作更深一层的反思。

对文化史稍有涉猎的人都不难发现,古代中国与古代希腊、罗马属于大不相同的文化类型。所以,中国古代社会的身份制度和观念无论在范围还是表现形式方面,都有自己的特点。而且,就梅因提出的这个公式而论,直到 19 世纪末叶以前,早已在古罗马开始并且几乎完成了的过程也从未在中国发生。虽然如此,社会以家族为单位,法律以身份为核心,这一特点不仅为古代中国所有,而且在古东方特有的文化氛围之中,表现得尤为充分、彻底。(参见本书《身份社会与伦理法律》一文)

在古代罗马,家族的重要性仅仅表现在所谓"私法"方面,一旦转入"公法"领域,家族即告消失。父与子在城中一同选举,在战场上并肩作战,并无等差。甚至,儿子做了将军,可能会指挥其父;做了高级官吏,则可能审理其父的契约案件,惩罚其父的失职行为。这是因为,罗马国家一开始就与血缘关系相分离，并愈来愈变成家族的对立物。一个人积极完成他对于国家所负的义务，就可能削弱其父的权威。罗马法律史上，最早由"家父权"之下解放出来的个人的财产形式是军人和文官所获得的"特有产"。这种纯属个人的财产，只是因为国家的特许才得以出现。最初，这只是一些例外，但它毕竟是一个封闭系统中的缺口，就是通过这个缺口，传统的社会模式才逐渐瓦解乃至最终崩溃。所以，在罗马，"从身份到契约"的运动表现在"每一个发展过程中必有大量的个人权利和大量的财产从家庭审判庭中移转到公共法庭的管辖权之内"（［英］梅因《古代法》，第95页）。

而在古代中国，家族与国家的管辖权远不像在罗马那样单纯。从理论上说，国家享有无限的管辖权，而实际上，家族义务也深深渗入到罗马人所谓"公法"的领域中。比如，官员任职须避父祖名讳，若在职期间父母亡故，法律则规定丁忧，违者均有刑罚。这种家族义务与国家义务的混而不分正好反映出中国古代家、国不分的传统。众所周知，中国最早的国家以宗法制为其组织形式，其特点正是家、国的合一。这是一种早熟的国家形态，它所带有的种种"先天不足"对中国文化传统的形成和发展影响至深，于社会关系方面尤甚。

任何文明社会都会有或多或少的契约活动，并产生出一些专门意义上的"契约关系"。没有这个前提，西方历史上"从身份到契约"的运动也无由发生。问题在于，一种基于合意的、法律上平权的关系能否构成普遍的社会状态，这一点不在于契约关系的有无,而取决于诸多其他因素。在中国古代社会,家族并非国家的对立物,相反,二者互渗、互补,构成一个完整的封闭系统。从理论上说,国家、社会都不过是家的扩大。而在这种同构关系当中,家又是一切的出发点。所以,家族伦常的身份规则不但是国家生活的规范,同时还是一般人际关系的模式。这就造成身份意识的高度发达:身份逸出了家族的范围,成为社会关系方面的基本要素。除传统的"五伦"以外,同族、同姓、同乡、同窗以及门生故旧等等,都可说是重要的社会关系。它们公开或隐蔽地,合法或不合法地支配着社会的政治、经济活动。与此相比,契约关系不仅领域狭小,而且往往在庞大的身份网络中被挤压变形。比如,自由身份的雇工与雇主之间就很难有纯粹的契约关系,法律上,他们还被视同主奴。基于身份的不平等是显而易见的。又比如,财产形式常与各种家族权、身份权纠结在一起,财产的流转也因此受到法律上、习惯上各种附带条件的限制。其结果是财产观念的不发达(当然还有其他原因)。中国古代法中没有"私法"的位置,这不能不说是原因之一。实际上,在任何一个推重身份的社会里,"私法"的作用都是微乎其微的,它的发达与完备也就无从谈起。值得注意的是,这种不发达并不就是社会经济运动的简单记录。观念也好,制度也好,都是塑造社会的能动要素。古代中国社会的长期停滞固然有极其复杂的原因,但人际关系的普遍的"身份化"绝不是一个无足轻重的原因。甚至可以说,这种"身份化"的社会状态正是中国在近代落伍的重要标志之一。

19世纪以来，中国社会的最大变革之一是法制传统的中断。代之而起的是西方化的法律体系：宪法、民法、商法、刑法……然而，在西方法律史上，近代法制的建立却远不是以牺牲其法律传统为代价的。我们看到，产生于一千多年以前的罗马私法，尤其是其中的财产法和契约法，乃是西方近代法律学最宝贵的泉源。在英国，1215年的《大宪章》竟被后来的资产阶级法学家看作他们的第一个宪法性文件（1215年的《大宪章》共60条，为英格兰贵族强使英王与之订立的协定，旨在限制国王的专横权力，保护贵族及市民的部分利益。它的内容虽然是典型中世纪的，但其形式却可说是近代君主立宪制的先声）。这些古老的制度之所以能为现代社会所接受，就在于它们在某种意义上都是"契约关系"的产物，因而具有合理的形式，能够容纳现代社会生活的新内容。相反，在中国古代法的庞杂体系当中，完全不见可以容纳现代社会生活的形式。中国传统法制中"私法"的阙如已如上述。国家生活中更不具有丝毫"政治契约"的色彩。治人者与治于人者的关系完全服从"身份"的法则。这种关系只用"忠"、"孝"二字便可以言尽。以维护这种社会状态为己任的古代法之不能适用于现代社会，实在是再明白没有的了。由这个对比或许可以明了，传统的这一方面怎样增加了中国由传统社会向现代社会转变的困难。但是，如果只限于此，则对此问题的认识还不能说是很充分的。

中国自清末引入西方法制，迄今已近一个世纪了。今日之中国，来自西方的先进事物不可谓不多，能够贴上现代化标签的东西也不在少数。但中国在完全进入现代社会之前,仍有一段艰难的道路要走。当年,孙中山领导的革命虽然推翻了帝制,但远远未能使中国的老百姓意识到他们是有权做自由选择的平等的个人,因而也就未能在社会关系的领域完成一场真正的革命。如果说,新制度取代旧制度可以在革命的狂飙中完成,那么,真正建立起一种新的社会关系,改变相应的价值观念,则远非一日之功。正因为如此,近50年来社会关系领域的变革,以及这种变革与现代社会要求之间的适应程度,尤其值得我们反省。

长期以来,我们只承认一种最基本的社会关系,即同志关系。从理论上说,这是一种平等关系,但其内容不像契约关系那样可以精确地度量,而且它不受法律的调整,因为,同志关系并非法律关系,而是基于某种政治上一致的假定产生的合作互助(当然也包括大量的领导与被领导)关系。这种关系尽管界限含混,却未必一定要排斥契约关系。但是,我们不能忘记,这种关系只能是中国式的,它不可避免地带有这个民族文化传习的烙印。这里,首先就是对于"契约关系"的由来已久的厌恶。这种态度与上文提到的对个人主义的厌恶同出一源。从传统的角度看,"契约关系"就意味着"重利轻义",甚至"唯利是图"。它不讲亲疏,没有等差,置人情于不顾,把一切都算计得清清楚楚的本性向来为君子所鄙夷。倒是"同志式"的关系更容易与传统价值观产生共鸣。所以,对于"同志式"关系的片面强调事实上与"契约"的观念正相抵牾。如果我们在"同志式"

的互相合作关系之后看到的是大量基于身份产生的关系,那也不足为奇。

"熟人、同乡、同学、知心朋友、亲爱者、老同事、老部下",毛泽东在《反对自由主义》一文中提到的这些关系不仅继续存在,而且渗入到远较过去更为复杂的社会生活之中。自然,当代社会的身份关系并不正好就是我们在古代社会看到的那些。由于社会条件的变化,它们的表现形式也不尽相同。但是,今天在社会关系方面流行的许多观念,与我们这个民族的传统价值观确实有着直接的渊源。所不同者,古代社会是相对静止的封闭体系,与"身份"所表示的那种社会状态正相吻合。而当代社会则不能不是充满变易的开放系统,在现代化的压力之下,身份关系的不合理性愈益突出,并与现代社会的要求演发成尖锐冲突。比如,实现现代经济的基本前提是经济活动的合理化。这个要求在契约关系中不难实现,在身份关系中则否。由于身份因素的介入,经济关系时常依据非经济的考虑来处理,纯粹的财产形式也很难出现。又比如,现代社会生活的高度复杂对合理的管理形式提出了更高的要求,马克斯·韦伯的"科层制"理论描述的正是这种合理形式,其特点是身份与职务的分离,使整个管理机制非人格化,完全由法律(当然是合理的法律)调节。上面说过,在"契约"所代表的那种社会状态中,法律是最基本的调节模式。相反,身份关系自有一套法外的调节手段。按照身份的法则,管理体制将人格化,官职乃至普通的职务都可以变成身份,转化为特权。在这种情形下,法律上的权利只是虚设,现实中的权力却成为膜拜的对象。所以,一个再平凡不过的看门人、司机或是售货员,也懂得如何有效地行使他(她)有限的权力。事实上,许多见诸报端的"腐败观象",正是以"身份关系"的形式表现出来的。经常有人把这种现象的产生归因于法制的不健全,但他们很少看到,这种现象本身正是建立现代法制的一大障碍。法制现代化固然意味着增加更多的现代立法,但它的第一要义却是"依法而治"。高度复杂的现代社会只有依靠真正的法治才可能实现其合理化,而法治本身的实现又是以"法律面前人人平等"为基本条件的。所以说,"契约关系"是实现法治的社会学基础。至于身份,由于它是讲差别的"看人办事",注定要与法治原则相抵触。如果说,古代社会的法律可以是身份化的法律的话,那么,在现代社会,法律的一般原则是排斥身份观念的。问题在于,现实生活的逻辑往往不受法律条文的支配,与一般法律原则相左的观念可能依然流行,甚至颇为发达。我们社会中关于身份的观念就是如此。所以,不管人们意识到没有,也不管他们承认与否,中国现代化所面临的基本问题之一正是要以"契约关系"取代"身份关系"。实际上,近年来所有真正的改革莫不与此有关。比如,现在仍在进行的体制改革中的许多措施,如权力下放、政企分离、信贷制度的改变、强调企业的独立经济核算等等,都表现出同一种倾向,即要把领导、服从、扶助的上下级关系和不分你我的同志式关系变成单纯的契约关系。一些有志于改革的企业领导人希望获得更多诸如决定工人去留一类的权力,也无非是要把真正的契约关系引入到企业制度中来。只是，人们长期把就业看成"服从革命需要"的举动。"以厂为家"的工人们对雇佣的概念并不熟悉。这就为建立适应现代经济需要的雇佣制度增加了困难。在广大农村，契约关系更难以立足。这里是传统势力最盛的地方，也是身份关系最牢固的所在。千百年来，这里通行一种独特的解决纷争的办法，无论什么事，都一味地讲中庸，重和解，只求息事宁人，避免争讼，合法与否、权利义务的分配以及责任的归属等问题却无人关心。至于我们一向引为骄傲的"调解制度"，在这里与其说是建立契约关系的手段，倒不如说是传统和解模式的延续。这类传统的社会关系与改革中解放了的财产形式已经出现了矛盾。随着改革的深入和农村经济的进一步发展，这一矛盾定会更加深化。正是由于这种历史文化背景，改革中最根本、最持久的矛盾冲突必将发生在价值观念和社会关系的领域。

今天，尽管新的社会关系正以前所未有的速度建立起来，觉醒了的个人意识也愈发不堪旧关系、旧观念的束缚，但社会中还存留着各种形式的身份关系，在人们意识中，身份观念依然根深蒂固。非法而又合法的关系学经久不衰，不过是小小的一例。表现于其中的陈旧观念，以及它们所代表的那种社会状态，实在是很不现代的。这就是说，我们要完成"从身份到契约"的运动，或者，换句话说，由传统社会向现代社会的转化，还须作出更大的努力。

古代法：文化差异与传统[*]

  人类文明的自然演进，大抵要经历一些相同的阶段。比如从旧石器到新石器，从青铜文化到铁器文化。这样说并不否定人类文明的差异性。同是青铜文化，古代中国与古希腊就大相径庭，这是同中有异。英国历史学家汤因比认为，文明只能在挑战－应战的模式中成长，应战的成功与否可以决定文明的命运。把这个理论稍加引申，还可以说，挑战－应战的方式将决定文明的样式。古代各民族习俗、礼仪、宗教、法律等方面的差异大概都可以用这种理论来解释。

  早期人类所面临的直接挑战多来自自然界。地理、气候等自然环境的差异往往是决定性的。特定人群的信仰，他们对天地万物的看法，以及他们与众不同的行为方式，最初就取决于这些自然生成的差异。历史学家划分大河流域文明与海洋文明的根据多半出于此。再往后些，随着文明的成长，人类面对

---

 * 原载《读书》1987 年第 3 期。

的挑战更多具有社会的性质，人类的观念、意识也因此更多决定于社会的因素。公元前587年，犹太民族被掳往巴比伦尼亚，在那里生活了近50年。没有这段历史，恐怕就不会有我们今天所见的《旧约》，后来的基督教和基督教文明也可能只是一个神话。历史上这类事件还可以举出许多，如民族大迁徙之于罗马帝国的命运；异族入侵之于汉民族的文化性格特征，等等。古人法观念的形成及差异似乎也可以用同一类解释来说明。

古代法律现象虽有若干相似乃至共同之处，却也同古代文明一样繁复多样，犹太的、巴比伦的、埃及的、古希腊－罗马的、印度的、中国的……各不相同。只考察我们较关心也较熟悉的古代中国和古希腊－罗马的法律，亦不难获得某种发人深省的启示。

从字源上看，汉字"法"的渊源颇为久远，但是，把这个字用来专指某种社会现象，却是先秦时代才流行起来的。在此之前，并非没有法律现象，只不过没有人名之为"法"罢了。其时，指称这种现象的是另一个字：刑。刑的一般含义大家都能够理解，不过，古时"刑"的含义比现今更显专门、狭隘。吕思勉先生在他的《先秦史》一书中写道：

> 刑之始，盖所以待异族。古之言刑与今异。汉人恒言："刑者不可复属"，亦曰"断者不可复属"，则必殊其体乃谓之刑，拘禁罚作等，不称刑也。（第425页）

就是说,当时所谓刑专指肉刑、死刑,如《吕刑》所载之五刑:墨、劓、剕、宫、大辟。后人所谓苦役、流放、徒刑一类只能算是"罚",不能称作"刑"。研究表明,这种语言现象的形成与中国早期历史发展有关,不可以简单地归之于"约定俗成"了事。

吕思勉先生说:"刑之始,盖所以待异族。"这句话大可玩味。刑是杀害人生命、戕贼人肢体的暴力手段,这一点上文已说明。"异族"可一般解为其他族姓、氏族,大概也无问题。鉴于族姓间的征服和被征服、统治和被统治是当时最基本的两种政治状态,"刑最初只是用来对付异族"这句话就可能有两种意思。第一,在氏族压迫的格局中,"刑"是对内镇压的工具;第二,在氏族征战的过程中,"刑"是对外诛伐的武力。有趣的是,在古人的头脑中,这两个方面常常是一而二,二而一的,不像现在人分得那么清楚。这一点有充分的历史资料和文献资料可以证明。现将钱钟书先生一段精辟文字引录于下:

> "故教笞不可废于家,刑罚不可捐于国,诛伐不可偃于天下";《考证》谓语本《吕氏春秋·荡兵》篇。按兵与刑乃一事之内外异用,其为暴力则同。故《商君书·修权》篇曰:"刑者武也",又《画策》篇曰:"内行刀锯,外用甲兵。"《荀子·正论》篇以"武王伐有商诛纣"为"刑罚"之例。"刑罚"之施于天下者,即"诛伐"也;"诛伐"之施于家、国者,即"刑罚"也。《国语·鲁语》臧文仲曰:"大刑用甲兵,其次用斧钺;中刑用刀锯,其次用钻笮;薄刑用鞭扑。故大

者陈之原野,小者致之市朝";《晋语》六范文子曰:"君人
者,刑其民成,而后振武于外。今吾司寇之刀锯日弊而斧
钺不行,内犹有不刑,而况外乎? 夫战,刑也;细无怨而大
不过,而后可以武刑外之不服者。"《尉缭子·天官》篇曰:
"刑以伐之。"兵之与刑,二而一也。杜佑《通典》以兵制附
刑后,盖本此意。杜牧《樊川文集》卷一〇《孙子注序》亦
云:"兵者,刑也。刑者,政事也。为夫子之徒,实仲由、冉
有之事也。不知自何代何人,分为二途,曰:文、武。"[钱钟
书:《管锥编》(第一册),北京:中华书局,1979 年,第 285 页。文中重
点号为引者所加]

这就是中国古代"刑"的起源。先民最初的法观念即是
如此。

与此相比较,盛行于古代希腊、罗马国家的法观念则要温
和得多,内涵也更为丰富。这多半是因为,古希腊人和罗马人
面对的问题与我们祖先要解决的问题很不相同。他们那里没
有古代中国惯常见到的氏族间的征战与压迫,却有不同社会集
团之间的明争暗斗。这种争斗虽然也可能达到相当激烈的程
度,毕竟不像族姓之间的征战那样你死我活,非此即彼。因为
这些社会集团主要是根据利益而非种族、姓氏来划分的,它们
寻求的,只是社会利益的调整和重新分配,而不是族姓之间的
统治和压迫。这样,它们就有可能找到某种中间道路,以妥协
方式解决一些基本的社会矛盾,仿佛是订立一项"社会契约",

使大家共同遵守其条款,和平共处。西方古代社会贵族与平民的斗争,结局往往如此。自然,维持这种格局需要有一套各方共同接受的解决办法,一个"中立"的权威。换言之,需要一套用来划分和确定各方权利、义务的社会调节机制。著名的梭伦立法便是以此为契机产生的,古代希腊、罗马法律的政治功能皆渊源于此。这方面的典型例子可以举出古希腊各城邦国家的"宪法"。传说中罗马末代勒克斯塞尔维乌斯·土利乌斯的改革,以及《十二铜表法》以后的许多重要立法也属于这一类。在这个意义上,我们可以说,西方古代法是"政治法"。不过,在此之外,我们更应注意到,它们还是"民事法"。这个称谓表明,西方古代法早已深入到私人生活中去,比之"政治法"有着更广大的天地。

关于罗马的"民事法",特别值得注意者,一是其"私人性",二是其财产性。古罗马法学家把他们的"民事法"称作私法,因为它与国家政治生活无关,只涉及"私人"(自然人和法人)间的事务。在这里,起决定作用的不是国家的强制命令,而是个人的"自由意志",是私人间交易的平等性。自然,交易的主要形式是契约,其核心则是财产。没有这些就无所谓罗马私法,更不会有私法的发达。

比较而言,"政治法"的特质多见于古希腊的法,而在罗马法中,"民事法"的成就更为可观。这两个方面合起来,可以表明古代希腊-罗马法律的一般特征:就其政治功能而言,法是不同社会集团共同遵奉的准则,具有凌驾于社会之上的权威。就

其民事功能而言,法是私人事务必不可少的参与者和仲裁者,
与市民社会有着最密切的关系。在前一方面,它是各种社会正
义理想寄托之所在;在后一方面,它多是平民商业利益的法律
化。你可以不喜欢这一种或那一种具体的法律,也可以认为,
它们并不体现你心目中的公平、正义,但你不能一般地否定法,
不能离开了抽象的法而谈论公平和正义,也不能脱离了具体的
法来处理日常事务。古希腊的智者们确曾痛诋所有人类的法
律,但那不是因为他们玩世不恭,而是因为人间的法律不能尽
合他们的理想模式:自然法。把法看成正常社会生活的一部
分,并在其中寄托了最高社会理想,这也许不是西方社会特有
的现象,但也不会是普遍存在的,至少,在像古代中国那样的社
会,它自始就不可能出现。

中国最早的法观念决定于中国早期历史的特殊性。"兵与
刑乃一事之内外异用,其为暴力则同。"这种法是早期氏族间征
诛、杀戮的产物,并且自始至终保持着暴力的特征。从政治上
看,氏族国家不是政治性的"社会契约",而是胜利了的氏族强
加于失败者的专横意志。至于刑,它不过是维护和贯彻这种意
志的暴力手段罢了。《尚书·尧典》云:

> 帝曰:"皋陶! 蛮夷滑夏,寇贼奸宄。汝作士,五刑有
> 服,五服三就。"

讲的无非是对外征诛与对内镇压两个方面。《左传》所谓

"夏有乱政,而作禹刑","商有乱政,而作汤刑",骨子里并无二致。实际上,不仅"禹刑"、"汤刑"因此而产生,"吕刑"亦如是,不仅三代的刑是这样,全部古代法都可说是因了这个缘故制定出来的。植根于这种历史之上的观念将是怎样不易拔除,由此不难想见一二。

春秋战国之际,中国社会处于空前未有的大变革时代,旧制度无可挽回地崩颓,伴之以新事物的确立;在自由论辩的风习中,许多曾经是神圣的东西被推翻了。不过,总还有些东西依旧神圣。孔夫子不是"信而好古",乃至"述而不作"吗?孔、孟、老、韩各自都创造了一些传统,这是事实,但他们同时还继承、接受、传递和发展了一些传统,这也不容怀疑。我们甚至可以说,中国文化的基本性格早在孔夫子聚徒授业以前就已大致形成了。后人所作的,有许多是要把早期的传统系统化、哲学化,使之更加丰富、精巧。古代法的观念即属这一类。

今人研究古代法,往往注重法律在先秦时代的大发展,如刑鼎、刑书和"法经"的出现,而忽略三代的"刑"与战国时期"法"的内在联系;专注于儒、法两家不同主张的对立,却不见他们共同承受的古代传统。这实在令人遗憾。其实,儒、法两派关于"法"的分歧只是态度问题,而非理解问题。对法的理解在他们是完全一致的,根本不成问题,当然也无须提出来讨论。儒者之所以反对用法、任法,正是因为"法"只能杀人、刑人,虽可使民畏惧,却不能收到教化人心的效果。孔子有一段话把这层意思说得很清楚:"道之以政,齐之以刑,民免而无耻;道之以德,齐之以礼,有耻且格。"(《论语·为政》)同样,法家大唱反调,一味地主张"治法",也不是因为法本身蕴含着某种社会理想或正义观念,而是因为,他们不相信只靠道德教化便可以治理国家。在他们看来,法之用,虽只在兴功惧暴,杀戮禁诛,却也如君主统驭臣民的其他手段如势、术等一般不可或缺。按照这种理解,法当然不再与"兵"混为一谈,而专门对内适用了。这是中国古代法发展至于周秦时代的一个变化,除此之外,我们还可以举出其他种种变化,如以"法"取代"刑",以成文法取代不成文法等等。只是,这些变化并未使古代法所具有的暴力色彩和工具性质有些微改变。这一点,正是中国古代法万变不离其宗之所在。研习中国法律史的人发现,法家的所谓法律理论,根本上只是刑罚理论,谈的无非是"刑乱邦、用重典"一类,脱不出"夏有乱政,而作禹刑"的框框。这是很自然的。古人心目中的法便是如此。无论帝尧、皋陶,还是孔子、韩非,他们对法的理解在本质上都是一样的。

与人们对法的这种独特看法相应,中国古代法向以刑罚酷烈为其本色。古代法律直到清代还保有凌迟一类刑罚便是一例。表面上看,中国古代法的这一特征与世界上其他民族古代法的早期发展有相似之处。的确,注重刑法,刑罚酷烈,几乎是各民族早期法律发展中都可以见到的现象,古希腊、罗马法律也不能例外。但是,只要稍稍认真研究一下就会发现,这种相似只是貌合,它们内里的精神是很不同的。在诸如古代希腊、罗马法的例子里,刑法的相对发达和严酷,连同法律部门的混杂、法律的注重形式和僵化等现象,都只是表明了一个文明的界限,即当时社会生产和交换的较低发展程度,以及人类极为有限的认识水平。在这个时期,法律是幼稚的,它成长而至成熟尚需时日,不过,就是在它最粗糙的胚胎中,未来的成熟形态也已隐约可见。所需的只是时间,和使文明得以正常生长的必要条件。自然,历史慷慨地提供了这些条件,否则,就不会有所谓罗马文化,不会有作为它的骄傲的罗马法了。至于上文所说的胚胎,其重要就在于,不管多么粗糙,它毕竟包含着某些最重要的萌芽,比如,把法看成一种全社会的调节器,一种确定权利、义务的尺度和保障权利的手段。虽然这类观念最初只能是朦胧的、幼稚的,但它具有的那种包容性却是其生命之源。中国古代法缺少的正是这种东西。它只是刑,是镇压手段、暴力工具,这种狭隘性排除了它的"民事功能"。这并不是说,它不能用来调整民事关系,而是说,它不能离开统治者,离开国家,离开刑罚来处理民事关系。法律所及之处,没有纯粹的私人事务,一切都与国家有关,也就是说,它只能是"公法",不能是"私法"。这正是中国古代法与古希腊、罗马法的根本区别之一。这种区别产生于这些法的诞生过程中,早在它们各自的初始形态中就已基本确立了。显然,把中国古代法上述特点归之于所谓不成熟是没有道理的。虽然可以说,三代的刑乃至秦汉的律都是幼稚的,但是,没有人能否认,唐律和明、清律已经达到中国古代法发展的顶点,而它们仍然是刑法典。康熙十八年的一道上谕说:

　　国家设立法制，原以禁暴止奸，安全良善。……于定
律之外复严设条例，俾其畏而知儆，免罹刑辟。(《大清圣祖
仁皇帝实录》卷八十四)

　　这种自白在古代帝王言行录中比比皆是。在他们，这不过
是道出了一个单纯的事实，其实，又岂止是事实，把法仅仅看成
"禁暴止奸"的禁条，不也是整个民族(不拘统治者和被统治者)
共同抱有的信念吗？从传说中的帝尧时代，直到鸦片战争爆
发，几千年间，反对严刑峻法的虽然不乏某人，但从法的职能方
面对传统观念提出质疑者，却几乎不见一人。如果说，中国传
统文化中确有一些一以贯之的东西，一些真正可以称作"神圣
的传统"，上述观念即是其一。中国古代社会，民众谈"法"色
变，视讼事为畏途，显然与他们对法的这种看法有关。这与欧
洲法律史上，法常常被看作权利保障的现象恰成对照。恩格斯
在谈到中世纪英国民众那点令人羡慕的自由时，提到了古老的
日耳曼习俗的作用。而当其时，这类习俗、惯例往往具有法律
的外壳。事实上，在欧洲法律史上，英国法正是保留日耳曼法
因素最多的法律之一。这里，自由与法律的内在联系特别值得
我们注意。征诸史实，英国人最古老的(因而也是最有效的)权
利几乎无一不同普通法有关(普通法即1066年以后在英格兰
本土发展起来的一套法律制度，它受外来的罗马法和欧洲大陆
法影响较少，更多保存了日耳曼法的精神。在中世纪的英国，

普通法成为与王权相抗衡的重要资源），而英国人在捍卫他们自由的时候，最愿意使用的武器也恰好是普通法。君主也应该服从法律，这种看法不仅在中世纪的英国，甚至在当时的整个欧洲都颇有市场。原因固然是多方面的，这里只须指出，古希腊法和罗马法产生伊始就具有了某种超越特征。它既不是一个专横的意志，也不能被简单地视为某种手段，而这一点，又是同它广泛的社会功能联系在一起的。至于中国的古代法，它之所以不具有这种超越意义，不也正是因为，它最初只是一种"对内的征诛"，是一件暴力工具，只可以用来除暴安良吗？观念产生于以往的实践，又转而影响乃至决定着未来的历史。这便是传统的生成和延续。就这里所谈的古代法来说，如果我们不了解中、西两种法观念在一些基本点上的歧异，就无法解释它们在历史上所表现出的巨大差异，也无法理解它们最终的历史命运。自然，这里无须多谈中国古代法的失败命运，这是大家都已熟知了的。人们可以从许多不同的方面去寻找它失败的原因。但有一点是最基本的，大概没有人会否认，那就是，就其自身性质而言（如以上所谈种种），中国古代法实在不能适应这个新世界的要求，注定要在社会的"自然竞争"中被淘汰。在这个意义上，我们可以说，中国古代法的传统应予彻底的清算。如是，传统问题遂以现代方式提了出来。

　　一个被称作传统的东西，如果确实符合传统这个词的真实含义，那么，它就不仅仅是历史上曾经存在的过去，同时也是历史地存在的现在。因此，我们不但可以在以往的历史中追寻传统,而且可以在当下生活的折射里发现传统。今人对于历史的关注和对传统的兴趣,恐怕主要是从这里来的。

在现实中发现传统并非难事,除非我们对于这个传统并不自知。传统可能是思维方式的,也可能是实践方式的,前者是观念的,后者是行为的,这两个方面的定式、模式最难改变,因而也最"传统"。中国第一批西方式的法典,早在1905年至1910年间草成、颁行,如今,半个多世纪过去了,其中种种曲折,这里无法一一述说。总之,法制日进,较之当时又不可同日而语。只是,走在现代大都市的街头巷尾,到处可见"学法、知法、懂法、守法"一类标语,不能不感到,今人对法的看法,还在很大程度上未能摆脱"刑"的纠缠。法仍然被看作禁条,是绳墨规矩,违背不得,干犯不得。翻开教科书,"阶级意志"、"专政工具"、"镇压手段"一类字眼满目皆是。难道这只是历史的巧合吗? 我们不能否认新旧观念之间总会有各种关联。旧传统可能参与造就了新传统,新传统也可能承借、吸收了旧传统。不管怎么说,我们总是从我们自己的历史、自己的传统和自己的经验出发去看待世界、解释世界的。

结束本文之时,不妨再说一遍,在现实中发现传统并非难事。列举更多的事实,从更多的方面去描述传统的现代表现形式,虽然应该而且必要,却未必是头等重要的。现在最急迫的工作恐怕是,在大家都高喊加强民主与法制的今天,能有更多的人冷静下来,先去弄懂一些更为基本的问题。比如,法的真实含义应该是什么,它在现代社会中的价值和地位应该怎样,法治是一种什么样的状态,法治社会应该是一种怎样的社会,等等。这些问题关系到一系列新价值的选择,关系到对于我们民族新、旧传统的反省和重新评价,也关系到各种社会-文化目标的最终确立。任何一个民族,在它没有真正完成这些工作以前,是不可能进入现代社会的。

"法"辨[*]

19世纪的历史法学派认为,一个民族的法乃是该民族以往历史和精神的产物,一如其语言和习惯。这个命题在下面意义上是正确的:作为文化要素的法和语言,都从各自的一方面反映出文化整体的特点。换言之,民族法与民族语言同是民族历史文化的产物,具有这种特定历史文化的鲜明性格。

把一种文字译成另一种文字,常常遇到"词"不达意的困难。问题的产生可能不在于译者掌握和运用语言的熟练程度,也与语言自身的表现力无关,而在于根本不可能找到一个恰合其义的对应词。这正是历史、文化差异的反映,由这种差异而造成的语言上的微妙隔阂也许是永远无法消除的。语言总是特定历史文化的产物,这便是明证。把这个结论作为起点,可以展开更有意义的探索:由某些字、词的产生,字形、字义的演变、确定来把握特定的社会现象,再由表现于这些社会现象之

---

* 原载《中国社会科学》1986年第4期。

中的历史、文化特质反观这些字、词的内涵,提供新的解释。在这个过程中,一些为我们所熟知的字、词将获得新鲜的意蕴,而我们对于相关社会现象的认识,也会得到进一步的深化。以下展开的正是这样一个过程,作为这个过程起点的,则是人们都很熟悉(至少人们自觉如此)的字:法。

至少可以从两个不同的方面来理解"法"。首先,这是文字学、语言学中的一个字、词;其次,它意味着我们称之为"法"的那种社会现象。作为字、词的"法"与作为社会现象的"法"密不可分。历史决定着观念,观念又左右着历史。这里,文字、语义、历史、社会诸因素须并重而不可偏废。否则,研究"法"的观念,或蔽于现象、流于肤浅,或仅知其然而不知其所以然,遑论辨别不同文化中"法"观念的基本异同了。

法是一种特别的行为规范,关于这一点,争议不会太大。但是,如果问题涉及法的渊源、性质、特征诸方面,要寻求一致意见就很难了。与历史法学派同时的分析法学派强调法的强制性,视强制服从为法的要素之一。这种看法究竟含有多少真理性暂可不论,但把它作为本文的一般前提毕竟是有益的。至少,本文所涉及的那些词以及它们所表示的那种社会现象,无论是在上古时代的中国还是古代希腊、罗马,也无论其渊源多么古老,都可以看作"社会的有组织的暴力"。

汉字"法"的渊源极其久远,成字的确切年代似不可考。下面将要谈到它较为一贯的用法、含义。现在要解决的问题是,以之作为世界上其他语系、语族如希腊、罗马、日耳曼等语族中某些字、词的对译,能否"译"尽其义。考察这个问题可以从字、词本身入手。

　　拉丁语汇中能够译作"法"的词不胜其多,最有意义的却是两个,即 Jus 和 Lex。Jus 的基本含义有二:一为法,一为权利。罗马法学家塞尔苏斯的著名定义"法乃善与正义之科学"(Jus est ars boni et aequi)取其第一种含义;拉丁格言"错误不得产生权利"(Jus ex injuria non oritur)则取后一种意思。此外,Jus 还有公平、正义等富有道德意味的含义。相比之下,Lex 的含义较为简单。它的原意是指罗马王政时期国王制定的法律和共和国时期各立法机构通过的法律。一般说来,Lex 具体而确定,得用于纯粹司法领域,可以指任何一项立法。相反,Jus 只具有抽象的性质。了解这两个词的含义非常重要,因为这种语言现象在印欧语系的希腊、罗马、日耳曼等语族中具有相当普遍的意义。[1]　在欧洲法律史上,这种词义乃至观念上的二元对立有其客观依据,并有深远的影响。本文的兴趣正是对 Jus 一类混权利、正义、法于一的特殊语言现象进行考察。需要略加说明的是,英文 Law(法)并不含有权利的意思,但同样清楚的是,这个字并非来自古代地中海文明。据考,它源于北欧,大约公元

1　这一点由下表可见:

语种	希腊语	拉丁语	法语	德语	意大利语	西班牙语
I	Τοδίικατου	Jus	Droit	Recht	Diritto	Derecho
II	γσμos	Lex	Loi	Gesetz	Legge	Ley

表中第一栏字兼指法、权利,同时又有正义、衡平、道德的含义,其义含混、抽象,富有哲学意味。第二栏字通常指具体规则,其义明确、具体、技术性强。

1000 年时传入英格兰。部分由于这段历史,英国法律史大不同于欧洲大陆法律的发展。不过,英文中与 Jus 相近的词还是有的,如 Right。这个字的基本含义是权利,但也指作为一切权利基础的抽象意义上的法。

拉丁语中的 Jus 与 Lex 在中文里或可译作"法"和"法"律。但实际上,即便是法学专门人才在使用"法"和"法律"两个词时,也很难说能意识到其中如 Jus 和 Lex 那样的含义和对立。因为,古汉语中"法"、"律"都有自己特殊的含义,与今义相去甚远,以至汉字"法"、"律"虽有两千年以上的历史,但作为独立合成词的"法律"却是近代由日本输入的,[1] 其历史不过百年。要在这样短的时间里把一种全新的观念注入其中,谈何容易。

凡论及汉字"法"者,照例要引《说文》中的那个著名解说。"法"的古体为"灋",《说文·廌部》:"灋,刑也,平之如水,从水;廌,所以触不直者去之,从去。"有人据以认为,汉字"法"在语源上兼有公平、正义之义,一如其他语族中"法"的古义。[2] 这种说法不确。蔡枢衡先生以为,"平之如水"四字乃"后世浅人所妄增",不足为训。考察这个字的古义,当从人类学角度入手。这里,水的含义不是象征性的,而纯粹是功能性的。它指把罪者置于水上,随流漂去,即今之所谓驱逐。[3] 在远古社会,这应当是一种很厉害的惩罚了。蔡先生本人的解释确与不确

1　参见[日]实藤惠秀《中国人留学日本史》第七章第十三节,北京:生活·读书·新知三联书店,1983年。

2　《法学词典》编辑委员会编:《法学词典》,上海:上海辞书出版社,1980年,第454页。

3　蔡枢衡:《中国刑法史》,南宁:广西人民出版社,1983年,第170页。

姑且不论,他所选取的角度应该说是对的。传说中的廌是一只独角神兽。据《论衡》,獬豸(即廌)为独角的羊,皋陶治狱,其罪疑者令羊触之,有罪则触,无罪则不触,所谓"天生一角圣兽助狱为验"[1]。这种我们今天称之为神判法的裁判方式通常与人类原始宗教思维有关,因此,几乎各民族的早期历史中都不乏其例。在中国,汉以后之执法官以獬豸为冠服,取其去奸佞(触罪者)之义。总之,统观各家对"法"的诠释,平之如水也好,使罪者随水漂去也好,都没有超出一般程序上的意义,当然更不曾具有政治正义论的性质。把这种公道观与表现在 Jus 一类词中的正义论混为一谈,实在不甚妥当。更何况,这种文字学上的考辨只揭示出"法"在语源学上的浅显含义,要真正把握其具体而丰富的内涵,还必须看它与其他字、词的关系。

据蔡枢衡先生考证,"灋"字古音废,钟鼎文"灋"借为废,因此,废字的含义渐成法字的含义。《周礼·天官大宰》注:"废,犹遏也。"《尔雅·释诂》:"遏,止也","废,止也"。《战国策·齐策》注:"止,禁也。"《国语·郑语》注:"废,禁也。"法是以有禁止之义。"法禁"一词即可为证。又,法、逼双声,逼变为法。《释名·释典艺》:"法,逼也。人莫不欲从其志,逼正使有所限也。"其中也含有禁的意思。《左传·襄公二年》注:"逼,夺其权势。"《尔雅·释言》:"逼,迫也。"这里强调的是强制服从,乃命令之义。可见,"法"字的含义一方面是禁止,另一方面是命令。

1　瞿同祖:《中国法律与中国社会》,第 253 页。

那么,以什么手段来保证这类禁止令行的规则呢? 古音法、伐相近,法借为伐。伐者攻也,击也。这里,法就有了刑罚的意思。《管子·心术》:"杀戮禁诛之谓法。"《盐铁论·诏圣》:"法者,刑罚也,所以禁强暴也。"说的都是这一层意思。[1] 禁止与命令,着重于法的功能,刑罚则主要是保证这种功能实现的手段。二者的联系实在密切。

古代文献中,至少有两个非常重要的字可训为法。一个是刑,一个是律。刑、法,法、律可以互训,如《尔雅·释诂》:"刑,法也","律,法也"。《说文》:"法,刑也。"《唐律疏议·名例》:"法,亦律也。"当然,古字内涵丰富,常与其他字、词互训、转注,以至辗转生义。又由于时代变迁,字的形、音、义也会有种种不同。所以,这里所注意的主要是刑、法、律三个词的一般关系,特别是其中的内在逻辑联系。从时间顺序上看,我们今天称之为古代法的,在三代是刑,在春秋战国是法,秦汉以后则主要是律。从三者之间关系来看,它们之间没有如 Jus 和 Lex 那样的分层,更不含有权利、正义的意蕴。不过,三者并非平列而无偏重。应该说,三者的核心乃是刑。这样一来,古时有些词的意思,现代人就不易理解了。如大家所熟知的"法制"一词,据《吕氏春秋·孟秋纪》:"是月也,命有司修法制,缮囹圄,具桎梏,禁止奸。"再如法官:掌法律刑狱的官吏;法吏:狱吏;法司:掌司法刑狱的官署。此外如法杖、法室、法科、法寺、法曹、法场、法辟、

1　以上关于法字的考释请参阅蔡枢衡《中国刑法史》,第5、6、41页。

法禁、法网等等，无一不能归入今之所谓刑法的领域。[1] 先秦法家又有刑名之学之称，的确不乏根据。后世有刑名师爷的说法，指的是县衙里襄助县太爷处理法律事务的幕僚。透过这个名称，多少可以见到其渊源所自，更可以感受到中国古代法律文化的传统。

现在回到本文开始提出的问题：以"法"作为 Jus 一类词的对译能否言尽其义？答案怕是不言自明。总之，在传统的层次上，中、西所谓法，文字不同，含义殊异，实在难以沟通。现在人常用的"法"字虽然已有了新的含义，但要完全道出 Jus 一词的真实意蕴，还是很困难的。所以，透过"法"与"Jus"之间语义上的歧异，我们看到的是不同民族历史进程和价值取向的不同，确切地说，是中西文化之间的差异。只有从这里入手，我们才可以对上述两种语言现象中的真正差异作出较为合理的解释。为此，我们必须从古代希腊、罗马和中国国家与法的起源谈起，在我们将要叙述的这段历史中，这两个方面是密切相连的。

二

希腊古代史以其多中心而颇具特色。本文当然不能一一论及希腊各城邦国家形成的历史，下面单提出雅典国家，一方面是为了说明的方便；另一方面则是因为，雅典国家的产生被

1　参见《辞源》有关条目。

认为是"一般国家形成的一种非常典型的例子"[1]。这样说的理由之一是,雅典国家的产生没有受到任何外来或内部的暴力干涉。[2] 的确,早在雅典国家出现以前,社会内部的变化已经腐蚀了古老的氏族制度。社会分工的扩大逐步瓦解了旧有的血缘组织,新的以职业标准划分的集团出现了。又由于奴隶劳动的扩大和因为商业缘故而移居雅典的外邦人日益增多,社会构成愈益复杂,并产生了一系列新的社会要求。然而,旧的氏族组织完全无法满足这些新的要求,它已经过时了。这便是雅典国家产生的契机。最初,正在产生的国家在每个部落中设12个小规模的区,恩格斯认为,这个设施具有两个特点:其一,它造就了一种与人民大众分离的公共权力;其二,它第一次不依亲属集团而按地域来划分居民。[3] 这是导致雅典国家最终形成的意义深远的一步。

从纯粹的氏族组织到真正的国家形态,这中间不仅有漫长的行程,而且有无数的"中间形态"。遽下断语,未免失之武断。但也可以把历史当作一个逻辑整体来分析、描述。这样,不但可以抽出所谓本质特征,而且还可能找出重要的事件,作为历史的里程碑。在古代希腊、罗马国家形成的历史上,可以作为这类里程碑的,正是法。公元前594年的梭伦改革是我们所熟

1　[德]恩格斯:《家庭、私有制和国家的起源》,《马克思恩格斯选集》(第4卷),北京:人民出版社,1972年,第115页。

2　同上。另外一点理由是:"高度发展的国家形态,民主共和国,是直接从氏族社会中产生的。"关于这一点,学术界是有争议的。参阅顾准《希腊城邦制度》,北京:中国社会科学出版社,1982年。

3　[德]恩格斯:《家庭、私有制和国家的起源》,《马克思恩格斯选集》(第4卷),第110页。

知的。由于改革措施悉以法律形式公布,因此这次改革又以"梭伦立法"而载入史册。梭伦立法依财产多寡分公民为四个阶级,确定了他们各自的权利,但仍保留了部落的划分,这是国家制度中唯一可见的氏族残余。这种状况延续了近一个世纪,直到公元前 509 年的克利斯提尼改革,雅典国家才最后完成。

由氏族迈向国家的进程,每一步都在法律上反映了出来,这个现象颇值得注意。因为,它涉及法的职能、法在社会中的地位等一系列问题,也与国家所由形成的途径有关。我们注意到,梭伦改革的背景是贵族与平民两大集团的激烈争斗。当时,矛盾已经激化到这样的程度:必须寻求一种新的社会秩序,使社会冲突缓和下来,否则,两大集团可能同归于尽,社会也会因此而崩溃。梭伦以"民选调解官"(Aesymenites)的身份出而立法,这件事本身就很说明问题。恩格斯指出:

国家是表示:这个社会陷入了不可解决的自我矛盾,分裂为不可调和的对立面而又无力摆脱这些对立面。而为了使这些对立面、这些经济利益互相冲突的阶级,不致在无谓的斗争中把自己和社会消灭,就需要有一种表面上驾驭社会之上的力量,这种力量应当缓和冲突,把冲突保持在"秩序"的范围以内;这种……力量,就是国家。[1] 这正是雅典国家产生过程的写照。

国家是凌驾于社会之上的力量,这不啻是说,法律是凌驾于社会之上的力量。梭伦立法的全部权威,甚至从古代希腊一

1　[德]恩格斯:《家庭、私有制和国家的起源》,《马克斯恩格斯选集》(第 4 卷),第 166 页。

直到近代西方所谓法治的全部秘密,就在于此。

在雅典国家,各阶级权利、义务的分配悉由法律规定。自由民、公民,这些都是十足的法律概念。按照亚里士多德的定义,这类身份是由依法享有权利的性质和多寡来确定的。[1] 另一方面,国家的组织、管理方式因时因地而异,一切取决于利益集团力量的消长。这是政体问题,同时又是"宪法"问题。所以,雅典国家的党争终究要反映到法律上来。从梭伦、克利斯提尼和伯里克利的立法中可以清楚地看到这一点。利益集团的对立、冲突,必然导致对正义的不同理解,对宪法(政体)的不同要求。这两个问题是联系在一起的。从流传至今的希腊古代文献中可以看到,对于法律、权利、正义和道德的探究总是交织在一起的。智者吕哥弗隆说,法律是"人们互不侵害对方权利的保证",亚里士多德则认为,法律"应该是促成全邦人民都能进于正义和善德的[永久]制度"[2]。当法律与正义目的相符时,二者甚至可以合而为一。捍卫一种宪法同时就是保全一种政体,实现一种正义,合法的同时就是合乎正义的。[3] 虽然智者们曾借助自然法的观念对城邦法(人定法)的正义性提出质疑,甚至加以否定,目的却在于以好的合乎正义的法律取代坏的邪恶的法律。毕竟,法律乃是凌驾于整个社会之上的力量。古希腊许多伟大的思想家都认识到,作为"普遍通则"的法律的统治

1　亚里士多德的《政治学》(北京:商务印书馆,1981 年)第三卷前五章对公民身份有详尽的讨论。
2　同上,第 138 页。
3　同上,第 275、147 页。

较之作为"个别事例"的个人命令更为优越。对于"法治"的推崇构成了《法律篇》（柏拉图）和《政治学》的基调。正好比古希腊政治哲学的繁盛导源于其社会政治生活的发达一样，希腊人的"法治"观念以及反映在希腊语中法律与权利、正义等观念的密切联系，正是以其国家与法产生的历史为客观依据的。

罗马国家形成的历史略同于雅典。虽然罗马王政时代（公元前753—公元前510年）的历史并不十分清楚，但我们确知，在这个时代的晚期，社会集团之间的争斗已经十分激烈，以至恩格斯肯定地说，革命的原因就在于平民与罗马人民（populus romanus）之间的斗争。[1] 据说第六代勒克斯塞尔维乌斯·土利乌斯效法希腊，尤其是梭伦立法制定了新制度，取消原氏族、部落的划分，将全体罗马自由人按财产多寡分为六个阶级，重新分配政治权利。"这样，在罗马也是在所谓王政被废除之前，以个人血缘关系为基础的古代社会制度就已经被破坏了，代之而起的是一个新的、以地区划分和财产差别为基础的真正的国家制度。"[2] 此后，平民与罗马人民的冲突就转而为平民与贵族的斗争。早期罗马的全部立法都是由此产生并在这个范围内进行。从公元前509年的瓦莱里阿法开始，平民取得的每一项胜利都在立法上确定下来。我们可以举出一系列立法来说明这个历史进程。比如，公元前367年的李启尼乌斯–赛克斯提乌

1　[德]恩格斯：《家庭、私有制和国家的起源》，《马克思恩格斯选集》第4卷，第125页。恩格斯认为，平民由外来移民与被征服地的居民构成，因而有罗马人民与平民对抗一说。（参见同上书，第124页）
2　同上，第126页。

斯法确认了平民担任执政官和其他高级官职的权利,取消了对平民和贵族通婚的法律限制;若干年后的霍腾西阿法(公元前287年)则使平民议会的决议成为具有普遍拘束力的国家法律。当然,最著名的还要数公元前451—公元前450年颁布的《十二铜表法》,这部法典构成了全部罗马法的基础。关于它下面还要谈到。

显然,前面关于雅典国家与法的一般结论也可以适用于罗马。这主要是因为历史过程本身的近似。但另一方面,也要注意到,由于两种文明接触、渗透的结果,希腊社会法的观念在很大程度上影响甚至支配了罗马法学家。这方面的表现主要在后者对自然法思想的接受和运用。自然法思想产生于古代希腊,除与其国家与法的一般发展特点有关外,还与希腊自然哲学有很深的渊源。在欧洲历史上,自然法观念的产生、发展和传播构成了完整的一章。西方文化中的二元法观念、法律至上论和把法、权利、正义等概念放在一起考虑的思维方式都与这种思想有关。可惜,本文不能停下来考察这段历史,我们必须把注意力放在国家与法历史的初期,考察法、权利、正义等观念之间历史联系的由来。为此,提及自然法是很有必要的。自然法的观念在法之外同时包容了权利、正义等道德意识,从这个事实本身也可以窥见当时希腊人的法思想。虽然自然法是相对于现行的人定法而存在的,但这正像 Jus 和 Lex 之间的对立一样,纯粹的形态只有在逻辑上才是可能的,在现实生活中,二者是紧密相连的。罗马法的基本分类:市民法、万民法、自然法,三者通用一个 Jus。从这个词本身是看不出"道德法"与现行法的区别的。甚至, Lex 也常常被当作 Jus 的同义词来使用。的确,我们无法证明,在实际生活中,抽象的"法"(如 Jus 一类)可以兼指权利、正义,而具体的"法"(Lex 一类)却跟这些概念完全不相干。随着社会的发展,分化的趋势是必然的,然而,它们所由产生的毕竟是同一个社会。在这种意义上,它们的性质并无不同。把它们放到不同的文化背景上来比较时,这一点尤为突出。

三

与古代希腊罗马国家相比,中国国家的形成至少要早一千年。但是,时间上的差别也许并不重要,真正能区分二者的是它们各自所由形成的途径和方式。

传说中的夏是中国最早的国家。最近几十年来的考古业已证实了这个传说中国家的存在。但关于这一段历史,我们所知无多。从现有材料看,夏文化远不及后来的殷商特别是周文化发达,这是没有疑问的。但是,若从整个文化史的角度来看,则夏、商、周所谓三代又构成了一个完整的时代,即中国青铜时代。因此,我们在考察和论述中国国家形成的历史时,可以从总体上来把握这个时代。青铜时代伊始,社会权力与财富的分化即已非常明显,迄于周代,古代国家组织已近乎完备了。与此形成鲜明对照的是,"在整个的中国青铜时代,金属始终不是制造生产工具的主要原料;这时代的生产工具仍旧是由石、木、角、骨等原料制造"[1]。青铜则主要被用来制造礼器和兵器。这就是说,中国青铜时代国家的产生并非社会生产发生质变(青铜工具的普遍应用)的结果。反过来说,在这种条件下要把新的社会秩序维持下去,并使之不断巩固,势必要求一种"严密的上级控制系统"。由此产生了下面两个问题:第一,古代中国最早的国家是怎样形成的(途径)? 第二,这种国家是怎样组织起来的(方式)?

在关于夏的考古仅仅是开始的情况下,想要对上述问题提出令人满意的答案,在客观上是不可能的。这里,愿借侯外庐先生的研究所得,提出两个要点,虽然用在这里已经颇有些偏离作者原意了。这两点是:"(1)因战争而产生的权力的提高;(2)族长传统的延续。"[2]古代所有关于上古社会的记载,都有

---

[1] 张光直:《中国青铜时代》,北京:生活·读书·新知三联书店,1983 年,第 11 页。在已出土的商周青铜器中,农具至为少见,一般见到的还是石、骨、木、蚌、角等材料制成的农具。所以,上面的结论是有考古学上的依据的。关于这一点可以参阅陈梦家《殷虚卜辞综述》,北京:科学出版社,1956 年,第 542、549 页;中国科学院考古研究所编《新中国的考古收获》,北京:文物出版社,1961 年,第 16—47、52—53 页;北京大学历史系考古教研室商周组编著《商周考古》,北京:文物出版社,1979 年,第 39、167 页;尚钺《尚钺史学论文选集》,北京:人民出版社,1984 年,第 298—299、340 页;翦伯赞《中国史纲要》(第一册),北京:人民出版社,1979 年,第 19、40 页;此外还可以参阅郭宝钧《中国青铜器时代》,北京:生活·读书·新知三联书店,1963 年,第 17—19 页;马承源《中国古代青铜器》,上海:上海人民出版社,1982 年,第 12—38 页。这两部论著所强调的是青铜农具在当时已见使用,并且认为,当时实际使用的青铜农具多于今天可能发现的青铜遗存。尽管如此,石、骨、木、蚌、角等农具在中国青铜时代仍被普遍使用依然是个事实。这种现象与当时青铜冶炼、铸造技术的高度发达和青铜礼器(包括乐器)、兵器的大量出现,形成了鲜明的对照。然而,正是从这种惊人的不合比例的现象中,我们或许可以找到解释这一问题的主要线索。详见下。

[2] 侯外庐:《中国思想通史》(第一卷),北京:人民出版社,1980 年,第 74 页。

大量战争的描写,而且,描述中战争的激烈与频繁足以给人留下深刻的印象。共工与颛顼之争,黄帝与炎帝、蚩尤之战,这些虽然出自上古神话、传说,毕竟不能看成子虚乌有的编造。至于后来讨伐三苗及种种"夷夏之争"的记载,更可以说明上古时代战争的繁多。当然,单纯的战争并不能产生国家。最初,战争中的俘虏大多被杀死或用作人牲、人祭。只有在一定的社会发展阶段上,俘虏才被当作劳动力使用。在中国史前史上,这个阶段大概是在新石器时代晚期。[1] 至少在这一阶段,能够带来大量俘获的战争加速了氏族中权力的集中和社会的分层,而社会组织结构的改变,对于人类生活实在有着重大的影响。

　　一般说来,文明的产生必以"剩余财富"的出现为前提。但是,"个人生活需求量是相对的,因此社会的剩余物资不会是生产量提高以后自然产生的,而必须是人工性产生的。换言之,社会关系越不平等,越能产生财富的集中,才越能产生使用于所谓文明现象的剩余财富"[2]。早期社会的分化在希腊产生了伟大的荷马史诗,在中国则加速了青铜时代的到来。

　　一件青铜器的形成需要经过一系列复杂的程序,包括金属的开采、运输、冶炼和熔铸。这个过程的完成没有相当程度的权力集中是难以想象的。可以说,青铜器的出现意味着某种具

---

[1]　这里指的是龙山文化。一般认为,这一时期以农业为主,已出现私有制和社会分化。这一时期的文化与夏、商、周的文明都有密切联系,见安志敏《中国新石器时代论集》,北京:文物出版社,1982年,第67、75、79、246页。甚至还有人认为,亲族群的政治性或说政治集团的亲族性的特征这一时期便已出现,见张光直《中国青铜时代》,第303页。
[2]　张光直:《中国青铜时代》,第62页。

有分层和权力集中特点的社会秩序的存在。正唯如此，青铜器本身也就具有了一种特殊的社会功能，它不仅成为这种秩序的表征，而且成了使之进一步发达、强化的手段。[1] 青铜兵器的广泛应用和不断改进，提高了战争的效能，使其拥有者能够有更多的俘获，这一方面间接促进了生产力的发展，另一方面则更加强化了它赖以产生的社会秩序。至于青铜礼器，由于它直接转化成为权力的象征物而更值得我们注意。侯外庐先生正确地指出："礼器就是所获物与支配权的合一体，由人格的物化转变而为物化了的人格，换言之，尊爵就是富贵不分的王室子孙的专政形式。"[2]（重点号为原文所有）总之，青铜礼器就是政治权力。由于这种特殊的社会功能，青铜礼器在商、周统治阶级当中具有崇高的地位，涉及当时国家生活所有重要领域。[3] 它也像青铜兵器一样，反过来强化了它所代表的那种社会秩序。中国青铜时代的国家就在这种不断的相互作用之中逐渐发达、完善起来，战争则贯穿这一过程的始终，在国家的形成、发展中

1　张光直：《中国青铜时代》，第 23 页。

2　侯外庐：《中国思想通史》（第一卷），第 15 页；张光直：《中国青铜时代》，第 13、21、23、110—111 页。

3　西周青铜器铭文的内容包括分封诸侯、朝觐王室、参加祭祀典礼、宴飨、狩猎等各种王室活动，还有征伐方国、胜利记功、世官的尊荣，家族的祭享、婚媾乃至交换、诉讼等等。请参阅马承源《中国古代青铜器》，第 18—28 页；中国社会科学院考古研究所编著《新中国的考古发现和研究》，北京：文物出版社，1984 年，第 264—270 页。由此不但可以知道青铜礼器在商周社会里的重要作用，还可以部分地解释出土的大量青铜器中礼器、兵器与农具惊人的不成比例的现象。陈梦家在《殷虚卜辞综述》一书中写道："青铜工艺在殷代是一种特殊发展的王家工艺，为王室贵族服务的。它不是普遍存在的专业化的工业部门。"（第 549 页）陈先生的立足点完全正确。

发挥着重要作用。[1]　当然,较完备的国家形态是在一个相当漫长的时期里逐渐完成的,我们无法找出一个时间上的确定点来界定国家与国家前的社会状态,但是,指出战争在中国国家形成程序上的重要性却是很有必要的。

《左传》上说,"国之大事,在祀与戎"。戎,自然是指战争;至于祀,那就与所谓"族长传统"有关了。从某种意义上说,血族团体中族长的重要性与他本人无关,而在于他所具有的祭祀主持人的身份。因为,能够把一个血族团体紧紧维系在一起的,莫过于祭祀祖先的仪式了。族长传统的延续表明了社会组织中血族团体的重要性。值得注意的是,在中国青铜时代,族长传统的延续与战争和社会分层都有密切的关系。一方面,这种传统因战争而不断得到强化;另一方面,它又直接表现为社会分层的基础。

我们知道,当时,乃至上古神话中的战争,毫无例外地是氏族之间的征伐。即便是夏、商、周三代更替也不出一族一姓的兴衰之外。正因为如此,社会的统治者(包括异姓联盟)与被统

1　田昌五:《古代社会形态研究》,天津:天津人民出版社,1980 年,第 177—182 页。有一种理论认为,国家的产生不可能是孤岛式的,而是平行并进式的。考古和古代文献都证明,夏、商、周三代除直接承继的纵向关系外,还有不容忽视的横向联系,应该说,这种横向联系是三代王朝更替的一般前提。参阅张光直《中国青铜时代》。横向联系的内容是丰富的,敌对状态乃至公开的征战正是其中的重要部分。姬周最早的国家很可能是在征伐(统一西方)的过程中建立起来的。邹衡:《论先周文化》,载《夏商周考古学论文集》北京:文物出版社,1980 年。这个国家由于对商的征服和统治而大为强化、完备,更是不争的事实。

治者同时可以根据族姓来划分。[1] 不过,氏族本身也是内部分层的。氏族之下分为若干宗族。"宗族的成员彼此都有从系谱上可以追溯下来的血亲关系,而在同一个宗族之内其成员根据他们与主支(由每一代嫡长子组成)在系谱上的距离而又分成若干宗支。一个宗族成员在政治权力上和仪式上的地位,是由他在大小宗支的成员所属身份而决定的。因此,大的宗族本身便是一个分为许多阶层的社会。"[2] 有理由认为,在中国青铜时代到来之前,社会内部的分层正是循着血缘亲族的线索展开的,而当氏族之间的战争转而成为族姓的统治与被统治的时候,统治者内部基于血缘的分层就渐渐具有了国家组织的内蕴。由于这种转变,祖先崇拜的祭仪就从单纯的宗教仪式上升而为国家组织的政治活动。《礼记·祭统》:"凡治人之道,莫急于礼;礼有五经,莫重于祭。"祭的重要就在于它既是维系血族团体的纽带,同时又是对国家组织的强化。在中国青铜时代,能够证明这一点并且最能表现这种结合的,正是青铜礼器。这些用于祭祀的礼器在数量、式样、花纹等方面表现出严格的等级差别。这种差别不仅表明祭祀者在血亲网络中的位置(血缘上的亲疏远近),而且指示出他在国家组织中相应的地位(政治上的权力大小)。"从规范上说,各级宗族之间的分层关系与各

1　田昌五:《中国奴隶制形态之探索》,载其《古代社会形态研究》;张光直:《中国青铜时代》,第297—308页。周初大封建时,周王所赐物中至少有两项特别值得注意,那就是氏族的姓氏和以宗族为单位的人民。参阅张光直上引书,第112—113页。

2　张光直:《中国青铜时代》,第19—20、110页。

个宗邑的分层关系应该是相一致的。"[1] 这就是所谓宗法制国家,我们在周代看到的,是它的完备形态。

这种由战争中强化的权力和族长传统相结合所构成的奇特形态与雅典或罗马国家组织截然不同。首先,国家的产生远不是以氏族组织的瓦解为代价的,相反,它保留了原有的血缘关系,把氏族内部的亲属关系直接转化成为国家的组织方式,从而把旧的氏族组织与新的国家形态熔铸于一。所以很自然,它划分居民的标准是氏族而非地域。[2] 对于这种国家来说,旧的氏族组织并非可有可无的形式,而是在当时条件下可能采用的最自然最有效的统治方式。其次,国家权力严格说来并不表现为"驾于社会之上"的"公共权力",[3] 而是赤裸裸的族姓之间的征服和统治。在这一点上,中国青铜时代的国家形态或许更接近于一些人类学者的国家定义。Service 说:国家"是以一种

1　张光直:《中国青铜时代》,第 110 页;郭宝钧:《中国青铜器时代》,第 202—204 页。近人王国维认为,周以宗法(嫡长子继承,同姓不婚等所谓亲亲尊尊之制)而别于殷商。此说颇有影响,相沿至今,但也见有异议,认为宗法为三代之制。见张光直上引书。又,范文澜先生认为,殷商即有此制,周只是进一步发展罢了。见其《中国通史》(第一册),北京:人民出版社,1979 年。

2　这是早熟的国家形态。关于这一点可以参阅侯外庐等著《中国思想通史》(第一卷)第一、二两章。

3　任何能称为国家的组织都具有或多或少的公共职能,在这个意义上,凡国家都可以被看作"公共权力"。但是,本文是在一种更为严格的意义上使用这个词的。如上所述,古代希腊、罗马国家是同一社会中两大集团抗争和妥协的产物,它凌驾于社会之上并日益与社会相分离,这就是恩格斯上引文中所指的"公共权力"。但在恩格斯不曾论及的古代中国,国家是在氏族战争中产生的。基于氏族组织的统治和被统治是社会的基本格局。这一巨大的历史差别对于中国和希腊、罗马两种文明的发展实在有着惊人的影响。本文把"公共权力"的含义限制在恩格斯论述的希腊、罗马国家起源的范围内,正是为了突出这一客观存在的差别。

与合法的武力有关的特殊机械作用所团结起来的"[1]。Kent V. Flannery 在指出国家按地域划分居民的特点以后接着说：

> 国家企图维持武力的独占，并以真正的法律为特征；几乎任何罪行都可以认为是叛违国家的罪行，其处罚依典章化的程序由国家执行，而不再像较简单的社会中那样是被侵犯者或他的亲属的责任。[2]

总之，使我们视夏、商、周为国家的，与其说是凌驾于社会之上的"公共权力"，不如说是族姓统治的合法武力。这种合法的武力，在中国青铜时代就是刑。

古代文献中关于三代刑政的记载极多。《左传》上说："夏有乱政，而作禹刑。"不但说夏有禹刑，而且还说明了作刑的原因。有的文献把作刑的时间提得更早。《尚书·尧典》："帝曰：'皋陶！蛮夷滑夏，寇贼奸宄。汝作士，五刑有服，五服三就。'"这里的五刑、三就在《国语·鲁语上》中有解释：

> 大刑用甲兵，其次用斧钺；中刑用刀锯，其次用钻笮；薄刑用鞭扑，以威民也。故大者陈之原野，小者致之市朝，五刑三次，是无隐也。

1　转引自张光直《中国青铜时代》，第51页。
2　转引自张光直《中国青铜时代》，第53页。

　　这两段话告诉我们,对外征战以刀兵相加,是为大刑;对内镇压以刀锯鞭扑,是为中刑、薄刑。所谓"内行刀锯,外用甲兵",不外乎国家施行强力统治的手段。这就是中国青铜时代刑的起源和"法"的观念。这与中国青铜时代国家形成的历史特点完全吻合。当然,这样宽泛的法的观念逐渐有了改变,最后只限于对犯罪的惩处。但最初兵刑不分的观念也时有反映,如《周礼·天官冢宰》所谓"五曰刑典,以诘邦国,以刑百官,以纠万民"。夏以后关于刑的记载更多,《荀子》说"刑名从商",《吕氏春秋》说商有"刑三百"。史载,商还有醢、炮烙等酷刑。至于周代,刑罚愈益系统、精细了。据《尚书·吕刑》,周有墨、劓、剕、宫、大辟五刑,而且,"五刑之属三千"。《左传》还说周有刑书九篇。这也是很有可能的。总之,三代刑罚的酷烈和繁复当无疑义,这种现象与三代国家的特点和法的功能是分不开的。

　　国家与法所由产生的途径,不仅决定了国家的组织方式,而且也规定了法的社会功能。中、西法观念的根本差异,以及这种差异在语言上的表现,首先应从这一角度来认识。我们看到,古代希腊、罗马国家与法肇始于平民与贵族的冲突,在某种意义上说,它们是社会妥协的结果,而不是任何一方以暴力无条件地强加于对方的命令。所以,尽管这种法不能不因社会集团力量的消长而偏于这一方或那一方,也不能不因为它是国家的强制力而具有镇压的职能,但它毕竟是用以确定和保护社会各阶级(当然只限于自由人)权利的重要手段,并因此获得一体遵行的效力。正因为有这样的历史前提，希腊城邦国家的政治正义论和罗马的私法才可能繁盛发达起来，西方文明也才可能发展成今天这个样子。而在中国青铜时代，宪法等观念完全阙如，因为根本没有它据以产生的政治土壤。国家不是什么"公共权力"，而是一族一姓施行其合法武力的恰当形式。所以，国家并未取代氏族组织，而是与之融合、互渗，形成一种"严密的上级控制系统以求保持一个可能不稳定的系统的稳定"[1]。于是，赤裸裸的统治术取代了政治正义论，法只被看作镇压的工具，它主要表现为刑。

> 王曰："告尔殷多士。今予惟不尔杀，予惟时命有申。今朕作大邑于兹洛。予惟四方罔攸宾，亦惟尔多士攸服奔走臣我多逊。尔乃尚有尔土，尔乃尚宁干止。尔克敬，天惟畀矜尔；尔不克敬，尔不啻不有尔土，予亦致天之罚于尔躬。"（《尚书·多士》）

命令，禁止，顺我者赏，逆我者刑。这便是三代之法的真诠。这个特点虽然源出于中国青铜时代，但流衍于后世，成为中国古代法的根本特征之一。为了说明这个问题，我们必须对先秦法家予以相当的注意。

1　张光直：《中国青铜时代》，第18页。

四

春秋战国之交乃是动乱之秋。从文化史上看,这一阶段标志着青铜文明的解体和铁器时代的开端。这个转折点在社会经济、政治、思想等领域都造成了剧烈的变动。但是,就国家制度而言,这不过是"乱臣贼子"的时代。宗法制不存在了,而社会格局依旧,依然是毫无遮掩的统治与被统治。类似古代希腊、罗马国家中平民与贵族对峙的局面从不曾出现,因为古代中国社会完全没有与之相当的两个集团。所以,中国古代成文法的出现(公元前536年郑子产作刑书),与雅典之有梭伦立法和罗马之有《十二铜表法》意义完全不同。在古代中国,法的功能并未因其成文化而有些微改变。"民在鼎矣",这只是礼崩乐坏的标志,是"乱臣贼子"们合法权力的象征。从这种统治术的变化到君临一切之上的法的观念,距离十分遥远,在中国当以千年为单位计算。

当然,法律由不成文到成文的变迁,是文化史上进步的事实。同样,从三代的"刑",演变而为战国的"法"(如《法经》),进而成为秦汉以后的"律",也表现出由以刑统罪到以罪统刑的文化进步。只是,我们所注意的主要是中国古代法中一以贯之的东西,亦即变中的不变因素。

在先秦诸子当中,法家为显学之一。这一派以奖励耕战、急功近利为其要旨。而它之所以被称为法家,更重要的原因在于,它主张以"法"治国,这便是古代中国的"法治"说。近代英语语汇中有一个著名的术语：rule of law，直译为法的统治，亦即"法治"。这样译法应当说言简意赅。殊不知，无数的麻烦竟由此而生。有人把它等同于先秦法家所鼓吹的"法治"，于是引出许多无谓的笔墨官司。这是没有弄清中、西社会中法的功能，以及人们关于法的观念的缘故。其实，法家所谓的"法治"只在"刑赏"二字。管子以号令（禁止令行）、斧钺（刑）和禄赏（赏）为治国三器（《管子·政令》），表述的正是这种思想。《商君书·算地》云：

> 夫刑者，所以禁邪也，而赏者，所以助禁也。……故刑戮者所以止奸也，而官爵者所以劝功也。

赏以劝善，刑以止奸，"法"的作用是很明白的。然而，正好比孔孟一派的理论主要是表现为礼的三代宗法制的哲学化、系统化，法家的主张也只是把"用命赏于祖，弗用命戮于社"（《尚书·甘誓》）的古代模式发展至极端罢了。由这一线索看，法家人物之成为坚定的君主专制的拥护者，原是逻辑和历史的自然，不足为奇。

以刑为核心，旨在禁止令行的"法"思想有极深的历史文化渊源，并非法家所特有的观念。在法律思想方面，真正构成法家特色的乃是"壹刑"的思想。

> 所谓壹刑者，刑无等级，自卿相、将军以至大夫、庶人，

有不从王令、犯国禁、乱上制者,罪死不赦。(《商君书·赏刑》)

《韩非子》云:

> 法不阿贵,绳不绕曲。法之所加,智者弗能辞,勇者弗敢争,刑过不避大臣,赏善不遗匹夫。(《有度》)

重复引用这些引滥了的话是因为它们很有代表性,其他法家人物如管子、慎到也都有类似的言论。这种思想主要针对三代残存的旧秩序(宗法制)、旧观念("刑不上大夫")而来,其反面乃是要树立专制君主(乱臣贼子们)的绝对权威。所以,商君言法,申子言术,慎子言势,到了法家集大成者的韩非那里,则法、术、势融而于一。故云:

> 法者,编著之图籍,设之于官府,而布之于百姓者也。术者,藏之于胸中,以偶众端,而潜御群臣者也。故法莫如显,而术不欲见。是以明主言法,则境内卑贱莫不闻知也……用术,则亲爱近习莫之得闻也。(《韩非子·难三》)

法也好,术也好,说到底只是君主用来治国治人的统治术,其兴废只在君主的好恶之间。法不过是治国一器,其权威源自君主的权威,指望这种"法"能在实践中断事以一,恐怕过于乐观。而把这种"一断于法"的"法治"与亚里士多德《政治学》中甚至近代西方的法治观念相提并论、甚而等同起来的做法尤为牵强。

一方面主张刑无等级,另一方面又强调君主的专制权力,在法家原是相反相成的两面。但实际上终不免陷于自相矛盾之中。所以,一断于法的思想在中国法律史上不过昙花一现,也应在意料之中。自汉迄清,整个一部中国法律史就是等级身份的总记录。表现于法律上的等级之森严,身份之繁复,在古代世界中是罕见的。奇怪的是,这一点竟与先秦法家的理论与实践有某种关联。

在中国法律史上,法家一派虽然生命短促,其事功的显赫却不可忽视。它的以刑为核心,旨在禁止令行的法观念虽然直接得自中国青铜时代,但在特定的历史条件下,它以其富有特色的理论与实践使这种观念更形丰富、成熟,从而更深地植根于民族意识之中,并对中国法律制度的发展产生了重大的影响。这种影响是多方面的。这里择其要而谈。

战国时最著名的成文法是李悝的《法经》。史书上说,商君"受之以相秦",可以想见它对秦律的影响。汉承秦制,"相国萧何捃摭秦法,取其宜于时者,作律九章"(《汉书·刑法志》),是为"九章律",而其中的六章正是《法经》的篇目。以后法律制度的发展虽然驳杂,但由后魏律上承汉律,下启北齐律、隋《开皇律》、唐律而迄于清的历史线索,大体上是清楚的。所以,我们不妨对《法经》稍加注意。《法经》原文已亡佚,较完整的记述见于《晋书·刑法志》：

> 悝撰次诸国法，著《法经》。以为王者之政莫急于盗
> 贼，故其律始于《盗》、《贼》；盗贼须劾捕，故著《网》、《捕》
> 二篇；其轻狡、越城、博戏、借假不廉、淫侈、逾制，以为《杂
> 律》一篇；又以《具律》具其加减，是故所著六篇而已。然皆
> 罪名之制也。

《法经》，刑法而已。[1]

秦代法网密布，事事皆有法式，仅《法经》六篇自然不够用。
从近年来出土的秦简看，当时有大量调整国家经济活动的律、
令。如《田律》、《仓律》、《工律》等等。但这些法律与我们今天
所谓经济法相去甚远。因为，所有关于禁止令行的规定都是以
刑罚来保证施行的。这正是三代以来刑的观念发达的表现，也
是当时人关于"法"的认识的反映。也许可以说，当时只有罪的
概念而无违法的意识，因此，违法与犯罪总是混为一谈的。以
后历代法律率多受这种观念支配。《唐律》十二篇，虽有职制、
户婚、厩库等篇，但要找出违者不以刑罚的条款怕是很难的。
这里，诸如亲属、婚姻、继承、物权、债权一类民事关系统统被纳

1　这与同时代的罗马《十二铜表法》恰成鲜明对照。虽然在这部早期罗马法典中，程序
法与实体法、公法与私法、宗教法与世俗法混而不分，但其中继承和监护、所有权和占
有、土地和房屋、私法、公法各据一表，已经显示出它将来的发展方向。它所表现的局
限性纯粹是社会形态尚未成熟的结果。它与《法经》的不同首先是文化形态上的，而
不是社会发展阶段上的。对二者的比较、说明是很有趣的，可惜，这不是本文所能
做的。

入到刑罚体系中去了。此外还有大量律文正条之外的规范,因
与律相配合而具有强制力。如唐之令、格、式等,它们与律的关
系,史书上说得明白:

> 凡律以正刑定罪,令以设范立制,格以禁违正邪,式以
> 轨物程事。(《唐六典》卷六)

> 令者,尊卑贵贱之等数,国家之制度也;格者,百官有
> 司之所常行之事也;式者,其所常守之法也;凡邦国之政,
> 必从事于此三者。其有所违及人之为恶而入于罪戾者,一
> 断于律。(《新唐书·刑法志》)

刑的观念极为发达以至于畸形,这种现象自然不限于唐
律,而是直到清律例以前所谓古代法的一般特征。

如果说,上述影响主要表现于制度方面,那么,与这种制度
相连的观念的影响则更值得注意。单纯的刑罚是没有意义的,
它必须附于一定的行为规则之上,至于这些规则是国家对于外
在行为的禁止、命令还是社会的内在道德要求,它可以不闻不
问。这一点取决于特定的文化形态,尤其是其中的社会价值取
向。认识这一点非常重要。因为,这至少提供了一种可能性,
即刑罚与道德戒条结合,从而使原本是道德的规范同时履行法
的职能。这实际上意味着,法失去了它的独立存在,法与包括
礼仪、伦常等内容的道德要求不复有明确的界限,乃至混而于
一了。这种理论上的可能性正是中国法律史上的现实,也正是

中国古代法的悲剧所在。这样看来,"以礼入法"的说法实在不够确切,应该说是礼刑结合。同样,所谓"儒法合流"的说法也应加以限制,后世所继承的法家,不是一断于法(哪怕只是在理论上主张)的法家,而是视法为刑的法家。以镇压、恐吓为本的刑屈从于讲亲亲尊尊、长幼等差的礼,这就构成了中国古代法的独特形态。

这里,我们已经接触到中国古代法的一个绝大的秘密,即道德的法律化与法律的道德化。当然,对这样一个大题目,本文不能在此作深入的探讨,但可以指出两点:(1)这个过程同样肇始于中国青铜时代;(2)它的完成与视法为刑的观念有极为密切的关系。

五

现在,读者也许可以理解,为什么本文用了那么大的篇幅讨论中国国家与法的形成过程及其特点。正因为有这一段历史,中国古代法才具有了它后来的那种奇异形态。对中国法律史稍有涉猎的人都会发现,刑罚的酷烈和繁多不仅是三代,而且是整个中国古代法的特点。然而,让人吃惊的并不是其残酷野蛮,而在于,这种残酷野蛮竟然与四千年的文明共存,与古代发达的道德哲学并行不悖。这种看似矛盾的现象只有联系中国传统文化中关于法的性质、功能的一般观念才是可以解释的。

西塞罗曾说,为了自由,我们做了法的奴隶。[1] 中世纪英国法学家的格言是:"法是君主拥有的最大遗产,因为没有法就不会有君主和遗产。"[2]康德说:"个人是自由的,如果他只服从法律而不服从任何人。"[3]孟德斯鸠则认为,自由就是"做法律所许可的一切事的权利"[4]。这是西方文化的传统和精粹。其公式是法→人→法:所有的人都必须服从法律,法律的制定、修订亦须遵行法定程序。它所注重的是合法性问题。这里,法由手段上升而为目的,变成一种非人格的至高主宰。它不仅支配着每个个人,而且统治着整个社会,把全部的社会生活都纳入到一个非人格化的框架中去。这就是近代西方法治思想的哲学基础。这种观念最初得以萌生的社会历史原因,我们在上面已经谈到了。尽管历史几经变迁,曾经盛极一时的古代国家早已埋入黄土,成为考古学家和历史学家们发掘的对象,但在今天我们称之为西方文化的有机体上,那由母体中带来的胎记依然清晰可见。

然而,犹如汉语的"法"很难译出 Jus 一类词的真正含义(一百年以前完全不可能)一样,中国人想要透彻理解西方文化中法的真实意蕴也不容易。这里所表现出来的乃是文化上的语言不通。权利、自由、正义,这些观念在中国古代社会是陌生

---

1 [美]罗斯科·庞德:《通过法律的社会控制　法律的任务》,北京:商务印书馆,1984年,第106页。

2 [美]罗斯科·庞德:《通过法律的社会控制　法律的任务》,北京:商务印书馆,第109页。

3 转引自林毓生《关于政治秩序的两种观念》,《知识份子》1985年第4期,第98页。

4 [法]孟德斯鸠:《论法的精神》(上),北京:商务印书馆,1982年,第154页。

的,当然更谈不上以法律来保证它们的实现。法,刑也。直到
清代,皇帝在圣谕里还说"讲法律以儆愚顽"(《圣谕广训》)。依
传统观念,法不过是镇压的工具,是无数统治手段中的一种,可
以由治人者随意运用、组合。它的地位自然也就等而下之了。
在中国古代,从理论上说,有治人,无治法;征诸史实,可以说,
有治吏,无治法。法既然只是人格化的统治工具,也只好满足
于一种附庸的地位,更何况,受其功能的局限,它的作用也是非
常有限的。古代中国政制之为"人治",根由便在于此。如果这
种统治模式也用一个简短的公式来表示,那就是人→法→人:
站在顶端的君主发号施令,由大大小小的各级官吏来执行,庶
民则永远是法律施行的客体,赏刑由之。正因为如此,中国历
史上对于"法"的强调总是与加强君权联系在一起的。三代如
此,先秦法家亦如此,清代还是如此。严复对此不胜感喟:

> 若夫督责书所谓法者,直刑而已,所以驱迫束缚其臣
> 民,而国君则超乎法之上,可以意用法易法,而不为法所
> 拘。夫如是,虽有法,亦适成专制而已。(《孟德斯鸠法意·
> 按语》)

从严复的译著《法意》到孙中山的"五权宪法",西方近代法
学思想和法律制度被大量介绍到中国。正是由于这些前辈的
不懈努力和大胆实践,古老的中国才真正接触到当时世界上最
先进的法律制度。然而,这并不意味着观念的革命已经完成。

因为，一种具有深厚社会、文化基础的观念一旦形成，必将极大地作用于历史，即便在最初的条件已经消失、相应的制度已经改变的情况下，它也可能长久地存留下去，于无形之中影响甚至左右着人们的思想和行为。

我们今天所谓法，当然有了不同于古代"法"字含义的新义。但多数人在使用这个词时，心中所想的往往是刑法，似乎刑法便可以一般地代表法。这虽然是普通人的潜在意识，传统观念历史惯性的表现，同时却也反映出社会现实的某些方面。1949 年以来，新中国逐步建立了自己的法学体系和众多现代法律部门，这当然是重大的成就。但如果据此认为，传统观念的残存影响会因此而自动消除，则未免过于天真了。我们可以自问：为什么人们对专政工具、阶级斗争手段一类的法的定义容易而且乐于接受？在一些人心目中的"法＝专政工具"的公式里，究竟有多少真正是马克思主义的理论，有多少是传统观念的现代形态？历史表明，一味地强调法是专政工具、镇压手段，可以随时损益，不仅造成法学部门的畸形发展，而且使合法性的观念难以立足，更不要说法的稳定性与权威性了。近四十年来屡屡出现漠视甚至公然践踏法律的情形莫不与此有关。"文革"期间，有些人不正是借无产阶级专政之名而大行其私吗？司法机关可以砸烂，任何法律都可以践踏于脚下，唯有刑不可不要。一时间私刑泛滥，而且花样翻新。法的空前浩劫与刑的泛滥成灾恰成对照。法又返回到刑。中国古代视法为刑的观念以及这种观念顽强地占据历史舞台，并于无形中影响着我们的看法,难道还有比这些更雄辩的事实吗? 遗憾的是,人们对于这个问题的反省至今还不能说是很充分的。不少人还习惯于把法放在自己的对立面上,只视之为禁条,很少以权利意识灌注于其中,把它看作公民自由和合法权益的根本保障,更不曾把法理解为组织社会的基本模式,这里,片面强调法的专政职能不能不说是原因之一。

高度复杂的现代社会生活,对于社会主体行为的合理性也提出了更高的要求。在经济生活中,这种合理化的实现必然表现为非人格化的法律统治,而现代政治中的民主要求最终也不能不以法治为其鹄的。只有从这个角度来认识法与现代社会的关系才可能是深刻的,也只有在这个意义上谈论法制的现代化才是真正富有成效的。显然,传统的观念完全容纳不下这样丰富的内涵,由于受到传统观念的影响,我们今天的认识距现代法制的要求也还有明显的差距。为了缩小这个差距,有必要进行一场观念的革新;而清算以往的历史,自觉认清我们于无意中承接的传统,尤其是认清这种传统对今天的影响,则是第一步。只有当我们努力去从事这项工作的时候,才可以说增强了现代人的法的意识。

说 “治” [*]

距今两千多年以前的先秦时代,曾有过一次学术的大繁荣,其标志便是自由论辩的风习。论辩的前提是理论的分歧乃至对立,结果必定是学派歧出,理论纷陈。后人所谓“诸子百家”说的正是这一时期的盛况。这是着眼于差异的所见所言。太史公论六家之要旨云:“夫阴阳、儒、墨、名、法、道德,此务为治者也。”(《史记·太史公自序》)这却是异中求同,重在说明诸子百虑而一致,殊途而同归的所在。而在这里,太史公用了一个“治”字,实在是富有深意。因为,不仅先秦诸子喜谈治乱之道,而且,两千年来,中国读书人议论最多的仍旧是这个“治”字。对于现世人事的关心,以及表现于其中的理智态度,构成了我们这个民族重实践、讲理性,以入世的积极态度对待人生之传统的一个方面。历代有关治乱的种种理论,也由于千百年来的反复阐释、修正和实践,逐渐积淀成为一种民族心态、民族性格

——————————
* 原载《文化:中国与世界》(第三辑),北京:生活·读书·新知三联书店,1987年。

和思考问题的方式。这种心态、性格或思维模式究竟是怎样的，它如何在历史中表现自己，又怎样在哲学中寻找依据，以及它对于中华民族的历史命运产生了怎样的影响，这些，便是本文将要探究并试图回答的问题。

一

人既然天生要过群体生活，则必然组成社会，必然发生组织与管理的问题。所以，言"治"并非中国人的特权。不过，同是"治"的问题，人们所思所言却不尽相同，有的甚至大相径庭。由此，不但可以度量纵的时代距离，还可能发现横的文化差异。

亚里士多德分政体为三：王制、贵族、共和，这是"正宗"的政体。偏出于正宗的又有三种变体：僭主、寡头、平民。[1] 这种政体分类是亚里士多德全部政治理论的基础。实际上，根据政体分类展开政治学研究也是柏拉图以来的传统，当然，那只是西方的传统。因为，那些数千年间流行的理论、术语，一旦置身于黄河流域古老文明的氛围，立刻就会变成莫名其妙的东西。这里通行着另一种语言，讨论治理国家的大问题，也自有一套运用自如的语汇，如王道、霸道、务德、务法、任法、任人等等。若把这些古代术语译成现代语言，则可以发现，古代东西方哲人所关心的问题竟是很不一样的。对于先秦诸子来说，君臣上

1　参见[古希腊]亚里士多德《政治学》，1279a—1279b 10。

下的秩序是确定不移的"道",所以,只有如何施政的问题,并不发生政体的争论。[1] 这种巨大差别促使我们变换一个角度来观察问题,以便把各种有关"治"的理论和实践纳入一个统一的框架,用大体一致的标准来观察、描述和评价。好在,这样的标准不难寻觅,那就是,法在国家生活中的位置。凭借这个标准,各种政治及其理论,不拘何种政体,都可以归入人治、法治这样两大类。采用这个标准的另一个好处是,人治和法治的分类既可用以衡量古代制度,又是现代生活中经常遇到的问题之一。此外,据说先秦诸子论辩的焦点也是"人治还是法治"的问题。[2] 这个概括是否准确姑且可以不论,研究中国历史,最好还是先使用传统的词汇,待内容廓清之后,再用现代概念为之定性。

孟子云:"以力假仁者霸,……以德行仁者王,……以力服人者,非心服也,力不赡也;以德服人者,中心悦而诚服也。"(《孟子·公孙丑上》)中国古代政治哲学家言必称王、霸的传统,就是由这里来的。这大概与孟子"亚圣"的地位有关,但主要的原因,恐怕还在于孟子很好地表达了他那个时代和以后人们最感兴趣的问题。所以,想要弄明白传统政治哲学的底蕴,我们不妨从王霸二字入手,而正确地理解这两个字,又不能不用先秦时代的大辩论来作注脚。因为,探本求源,王、霸之说还应还原为当时的礼、法之争。

1　中国历史上分封与郡县之争倒是有些近于政体之辩,但也只是"近于",绝不可等同。二者之间,毋宁说差别更为深刻和重要。

2　亚里士多德的《政治学》中译者吴寿彭即有这种看法。见该书第 162 页注③。此外,前几年的法治问题讨论中,持此说者亦不在少数。这种看法的迷误将在下文澄清。

礼与法同是行为规范,但属于不同的范畴,具有不同的特点。大体说来,礼是后来各种礼仪、伦常规则的集合体。其中有相当部分属于道德范畴,涉及面亦广。法则为国家强制规范,是禁邪惩奸的手段,其突出特征是刑的运用。再者,礼既着眼于伦常,因而极富差异性。古人云:

> 非礼无以节事天地之神也,非礼无以辨君臣、上下、长幼之位也,非礼无以别男女、父子、兄弟之亲,昏姻疏数之交也。(《礼记·哀公问》)
>
> 礼者所以定亲疏,决嫌疑,别同异,明是非也。(《礼记·曲礼上》)
>
> 礼也者,贵者敬焉,老者孝焉,长者弟焉,幼者慈焉,贱者惠焉。(《荀子·大略》)

相对于礼的法,则以"壹刑"相标榜:

> 所谓壹刑者,刑无等级,自卿相、将军以及大夫、庶人有不从王令、犯国禁、乱上制者,罪死不赦。(《商君书·赏刑》)
>
> 法不阿贵,绳不绕曲。法之所加,智者弗能辞,勇者弗敢争,刑过不避大臣,赏善不遗匹夫。(《韩非子·有度》)
>
> 有功于前,有败于后,不为损刑。有善于前,有过于后,不为亏法。忠臣孝子有过,必以其数断。守法守职之

> 吏有不行王法者,罪死不赦,刑及三族。(《商君书·赏刑》)
>
> 骨肉可刑,亲戚可灭,至法不可阙也。(《慎子·逸文》)

礼、法的对立于此可见。不过,它们既然分属不同的领域,即或不能相辅相成,至少也可以相安无事。其实不然。究其缘由,还须回到"治"字。儒者讲求礼,法家强调法,其中差别只表现在手段上,目的并无不同,都在追求天下大治的理想境地,礼与法只是被提出的两种治国方略而已。儒者以为,社会各阶层人等,按照礼的要求各守其位,各安其分,天下之治即可实现。这是政治的最高成就。所以,孔子对政治的看法竟可以浓缩为八个字:"君君,臣臣,父父,子子。"(《论语·颜渊》)依此观念,礼便是政治的纲纪,治国的大本。没了这个礼,真要国将不国了。荀子说:

> 礼者,治辨之极也,强国之本也,威行之道也,功名之总也。王公由之所以得天下也,不由所以陨社稷也。(《荀子·议兵》)
>
> 人无礼则不生,事无礼则不成,国家无礼则不宁。(《荀子·修身》)

所以说,

> 礼之所兴,众之所治也;礼之所废,众之所乱也。(《礼

记·仲尼燕居》)

对于这类议论,法家大不以为然。他们认为,人人都按照亲疏远近的规则处事,必定会以个人之私损天下之公。以此精神治理国家,岂非一切灾祸的根源。韩非子说:

> 为故人行私,谓之不弃……枉法曲亲,谓之有行……不弃者,吏有奸也……有行者,法制毁也……此八者,匹夫之私誉,人主之大败也;反此八者,匹夫之私毁,人主之公利也。人主不察社稷之利害,而用匹夫之私誉,索国之无危乱,不可得矣。(《韩非子·八说》)

儒法两家这种治国方略上的对立,进而引出施政方式上的冲突。儒者坚信,维护礼制,实现天下之治的最好办法,莫过于统治者以身作则,言传身教,为臣民作出表率。孔子说:

> 政者,正也,子帅以正,孰敢不正。(《论语·颜渊》)
>
> 政者,正也,君为正,则百姓从政矣。君之所为,百姓之所从也。君所不为,百姓何从。(《礼记·哀公问》)
>
> 其身正,不令而行;其身不正,虽令不从。(《论语·子路》)

孟子也说：

> 君仁莫不仁，君义莫不义，君正莫不正，一正君而国定
> 矣。(《孟子·离娄上》)

人正则国治，人若不正，纵有千百种好的典章制度，也必陷
国家于大乱。可见，最要紧的是统治者的道德人格。把这种理
论发挥到极致，就会有荀子这样的宏论：

> 有乱君，无乱国。有治人，无治法。……故法不能独
> 立，类不能自行，得其人则存，失其人则亡。法者治之端
> 也，君子者法之原也。故有君子，则法虽省，足以遍矣；无
> 君子，则法虽具，失先后之施，不能应事之变，足以乱矣。
> (《荀子·君道》)

这就是著名的"人治"(治人)说。法家的主张与此相反。
法家绝不相信仅凭道德说教和示范作用就可以治理国家。韩
非子说：

> 释法术而任心治，尧不能正一国。(《韩非子·用人》)
> 无庆赏之劝，刑罚之威，释势委法，尧、舜户说而人辩
> 之，不能治三家。(《韩非子·难势》)

欲治国平天下，不能不依靠国家强制力量，不能不以法律

政令这一套强制规范为手段。

> 夫严刑者民之所畏也,重罚者民之所恶也。故圣人陈其所畏以禁其邪,设其所恶以防其奸,是以国安而暴乱不起。吾以是明仁义爱惠之不足用,而严刑重罚之可以治国也。(《韩非子·奸劫弑臣》)

这便是所谓"不务德而务法"(韩非语)的"法治"说。[1] 这样,儒法两派的冲突,就由礼法之争而德刑之辩,最终形成"治人"与"治法"的尖锐对立,而孟子的所谓王政、霸政正可以用来作"人治"(礼治、德治)和"法治"的原始说明。这里,由于我们采用了两个沿用至今的概念:人治和法治,遂产生了一个必须回答的问题,即传统政治哲学中的"治人"和"治法",是否具有近代所谓人治和法治对立的含义? 或者,我们再进一步,提出一个更尖锐的问题:古代中国社会是否曾产生过近代意义上的法治思想和实践?[2] 回答这个问题,关键在于弄清近代所谓法治的确切含义。

正好比中国现代法律学和法律制度皆源于西方一样,"法治"这个概念也是由西方传入的。这一点可以由世界近代史的

---

[1] 先秦儒法两家理论上的种种辩难,在瞿同祖的《中国法律与中国社会》一书第六章,有系统而详尽的阐述。本文的第一部分主要得益于瞿先生的卓越研究。

[2] 把传统政治哲学中"任人"、"任法"的概念与近代的人治、法治说相提并论并非本文一厢情愿的牵强之举,抛开近年来法学界对此问题热烈而往往不得要领的讨论不谈,老辈学人中做这类联系、比较的也不乏其人。见前注。

变迁证明,也可以为下面的讨论一步步证实。所以,要确定中国古代"法治"(任法、务法、治法)说的真实底蕴,不能只限于考察儒法之争的历史源流,更要置身于中国传统之外,以西方近代法治观念为一确定坐标,做一番审察、分析和评定的工作。为此,我们可以先从一个较为一般的定义着手。

据德国《布洛克豪斯百科全书》第十五卷,法治国家的要素有如下内容:颁布在法律上限制国家权力(尤其是通过分权)的成文宪法;用基本法规来保障各种不容侵犯的民众权利;法院从法律上保护公民的公共及私人权利不受国家权力的干涉;在因征用、为公献身及渎职而造成损失的情况下,国家有赔偿的义务;法院独立,保障法官的法律地位;禁止刑法有追溯效力;最后,是行政机关的依法办事原则。

仅就这个定义包含的"要素"来看,"法治"原则涉及的问题多而且杂,似乎不是三言两语可以说得清楚。不过,细心研究它的历史,分析它的内容和性质,还是可以找出一二种根本性的原则,那就是:一部"在法律上限制国家权力(尤其是通过分权)的成文宪法"。自然,这只是一个简单而现成的答案,实际上,宪法不一定非成文不可,权力也可以一分为三或一分为四,这些要依国情而定。问题的关键在于,必须有一部保护公民权利,同时限制政府权力的至高无上的宪法。托马斯·潘恩说:"宪法并不是政府的法令,而是人民组成政府的法令。"[1]这句话

1　[法]托马斯·潘恩:《潘恩选集》,马清槐译,北京:商务印书馆,1982年,第250页。

有两层含义。第一,宪法是政府赖以存在和进行一切活动的基础。第二,宪法的作用在于界定政府及政府各部门的权限(其反面即为确定公民权利)。这里,宪法的职能与宪法的存在本身有密切关系。因为,宪法要能够切实发挥作用,除了依靠公众信念,更直接的保障是宪法精神的组织化和制度化,这种组织化、制度化的核心正是分权原则。近代西方思想家认为,舍此便无宪法,更无"法治"。可见,作为确定和限制国家权力之根本大法的宪法观念,乃是西方近代"法治"思想的基石。我们正可以此衡量中国古代的"法治"说。

先秦法家坚决主张以法治国,反对儒家的礼治、德治,已如上述。然而,在这两种表面看似冰炭水火不能相容的主张里,未始没有某些共同的前提。请看太史公的评论:

> 儒者博而寡要,劳而少功,是以其事难尽从;然其序君臣父子之礼,列夫妇长幼之别,不可易也。……法家严而少恩,然其正君臣上下之分,不可改矣。(《史记·太史公自序》。重点号为引者所加,下同)

太史公又说,法家"若尊主卑臣,明分职不得相逾越,虽百家弗能改也"[1]。

这里,儒法的差别,在于儒者谈"君臣父子之礼",而法家只

---

[1] 《史记·太史公自序》。始皇帝石刻中屡屡可见"尊卑贵贱,不逾次行"一类字句,它们即便不是出自儒者之手,也定为他们所赞同。

说"君臣上下之分"。角度略有不同,但强调君臣名分之别,都不含糊。这样一来,法家"不殊贵贱,一断于法"(《史记·太史公自序》)的主张就不能不大大打一个折扣。太子犯法,就连勇敢的商君也只能"刑其傅公子虔,黥其师公孙贾"(《史记·商君列传》)。这并非特例,而是法家学说的题中应有之义。

法家强调者三,曰:法、术、势。韩非子说:

> 术者,因任而授官,循名而责实,操杀生之柄,课群臣之能者也。此人主之所执也。法者,宪令著于官府,刑罚必于民心,赏存乎慎法,而罚加乎奸令者也。此臣之所师也。君无术,则弊于上;臣无法,则乱于下。此不可一无,皆帝王之具也。(《韩非子·定法》)

这段话把法的地位、术的性质说得再清楚没有了。至于"势",则更耐人寻味。管子说:

> 明主在上位,有必治之势,则群臣不敢为非。是故群臣之不敢欺主者,非爱主也,以畏主之威势也。百姓之争用,非以爱主也,以畏主之法令也。故明主操必胜之数,以治必用之民;处必尊之势,以制必服之臣。故令行禁止,主尊而臣卑。故《明法》曰:"尊君卑臣,非计亲也,以势胜也。"(《管子·明法解》)

这种使臣民规矩从命的威势究竟是什么呢？用现代术语说，就是集立法、司法、行政三权于一的绝对权力。有了这个"势"字，宪法也好，分权也好，统统成为泡影。实际上，对法、术、势津津乐道的先秦法家，头脑里根本就没有这些近现代概念。他们自有一套术语，自有一套逻辑。

> 有生法，有守法，有法于法。夫生法者，君也。守法者，臣也。法于法者，民也。君臣上下贵贱皆从法，此谓为大治。(《管子·任法》)

这样一种理论甚至不能与古希腊的"法治"说同日而语。在亚里士多德的著作里，"法治"首先意味着法律是最高统治者。

> 法律应在任何方面受到尊重而保持无上的权威，执法人员和公民团体只应在法律(通则)所不及的"个别"事例上有所抉择，两者都不该侵犯法律。([古希腊]亚里士多德：《政治学》，1292^b)

从这里，我们可以见出古代中、西民族法观念上的巨大差异。在中国，法律自始就是帝王手中的镇压工具，它几乎就是刑的同义语。而在古代希腊、罗马，法却凌驾于社会之上，可用以确定和保护不同社会集团的利益。它的范围也决不只限于刑法。[1] 正是由于这种法观念上的深刻差别,古希腊的法治说虽不具有近代形态,我们却可以说,近代"法治"理论已经孕育于其中。而在中国,近代法治学说是绝不可能在法家理论的土壤中成长起来的。以现代立场观之,法家之主张人治,绝不亚于儒家。所不同者,法家是法、术、势并重,以力取胜,儒家讲求道德教化,以德化人。孟老夫子的王、霸之说,倒更能揭明这一差异。后人把儒法的对立说成是"人治"和"法治"的矛盾,[2] 即便不是观念上的含混,也是概念使用上的不慎重。而把"法治"归结为"人依法而治"[3],似乎也有简单化之嫌。法家固然主张"依法而治",但法家的学说根本没有"法治"的色彩。这已由上面的讨论证实。其实,任何文明社会,特别是幅员辽阔的泱泱大国,离开法律就连最基本的秩序也难以维持。早期儒家片面强调道德教化,在严峻的社会现实映照下未免显得迂阔。在群雄竞胜、角逐激烈的春秋战国之际,倒是法家的严厉措施更易奏效。不过,中国古代之法观念毕竟是过于狭隘了。一味严刑峻法,到头来可能危及己身。所以说,法家"可以行一时之计,而不可长用也"(《史记·太史公自序》)。秦始皇以任法而得天下,旋因刑滥而失天下,这一惨痛教训便是"汉家自有制度,本以霸

---

1 见拙文《"法"辨》,载本书。

2 这种情形上文已屡屡提及。这里是要说明,甚至像瞿同祖这样的学者,也不加说明地使用了"人治"和"法治"的概念来总结先秦儒法之争。见《中国法律与中国社会》,北京:中华书局,1981 年,第 298、306 页。

3 见费孝通《乡土中国》,北京:生活·读书·新知三联书店,1985 年,第 48 页。

王道杂之"(《汉书·元帝纪》)的历史前提。汉武帝罢黜百家,独尊儒术,并没有导出弃法去刑的结局。因为对于一个驾御百官、统治民众的君主来说,法、术、势总是不可或缺的手段。只是,在一个把家政看成国政基础的国度里,君主还应该有一个慈父的形象,不教而诛只会损害这个形象,进而失去臣民的拥戴。从另一方面来说,在君主的权力不受约束、法律也不曾成为权力基础的情形下,强调君主道德风范的学说也就自然为人所乐于接受。认识到这些,当然需要统治者的历史实践和反省。不过,这里要指出,秦汉以后的儒法合流,除与时势变迁和统治者经验日益丰富有关之外,更在其自身能合的内在性质,亦即"人治"的共同本质。就先秦儒法之争而言,儒家务德,只是极度轻视法律政令的人治;法家务法,乃是只信奉权谋威势而不屑于说教的人治。二者携起手来,就叫做"德主刑辅","明刑弼教"。此后历代关于王政、霸业的论辩,只涉及施政宽、猛的程度问题,于"人治"实质并无触动。秦以后两千余年,中国的知识-统治阶层都在这个共同传统下讨论问题,甚至所用概念、术语也无出其右。

二

上文所谓"人治",只是就传统政治哲学的实质而言,讲的是一般指导思想。如果我们更进一步,要去了解这一理论的现实形态,那就必须转而考察整部国家机器运转情形,这样,我们

就由对人治的分析转入对吏治的考察。¹

以现代政治学的标准衡量,秦以后的中国历朝都可以归入君主专制政体一类。这种国家通常由三种权力组成:决策权、执行权、监督权。其中,决策权至高无上,它本身不受监督,凌驾于法律之上。在古代中国,握有这种特权的是称做"天子"的帝王,执君命者则是按等级排列的大大小小的官吏。职司监督的也是君主的臣属,但由于他们负有纠弹百官的重任,自有一种特殊地位。在这种统治格局中,高高在上的君主与其下的官僚集团有一种相互依存的特殊关系。官吏的权威与恩宠固然是来自君主,而君主要维持其统治也不能没有各级官吏的合作与服从,否则,决策权也不过是句空话。在此种情形下,确保其地位尚且困难,更勿论施展什么政治抱负了。所以,如何选拔、任用、管理和控制官吏,永远是君主们处心积虑,意欲解决的基本问题。又所以,历代典章制度中,官制总是占有突出位置。这种情形在法律上即表现为"官制法"的发达。²

古代中国第一部完备的"官制法",可推唐开元二十六年(公元 738 年)编成的《唐六典》。这部大典直接以《周礼》为蓝

1　严格说来,中国传统政治模式包括官、绅两个部分,本文只考察前一部分,即直接表现为国家机器的部分。

2　现代研究者几乎无一例外地把这部分法律名为行政法。这是一个不应有的误解。作为一个法律部门,行政法是近代的产物。处理国家和公民之间的关系,尤其是因国家行政部门侵害公民权益而引起的损害赔偿,是它最重要的职能之一。在此意义上,行政法只有在近代法治国家里才可能存在。所以,古代"官制法"如《唐六典》虽可以涉及现代行政法中的某些问题,它本身却不能是行政法。前者是吏治发达的标志,后者是法治原则的体现,二者的差别不仅是内容上的,更重要还是历史渊源上的和社会功能上的。

本,设治、教、礼、政、刑、事六职,对唐代官制有详尽规定。以后历朝都依此例编纂自己的"官制法"。这是古代中国于刑法典之外仅有的另一大"法律部门"。这一事实只能说明吏治在国家生活中的地位。[1] 但是,只看这些琐细条目,我们还难以体味出君主通过官制的安排以控制臣属的苦心,而这一点,恰恰是中国古代官制演变的核心。比如,秦代设丞相、太尉、御史大夫三职,分掌全国行政、军事、监察之职,是为三公。这套安排(包括中央、地方的全部机构)原本是为了加强中央集权,使"天下之事无大小,皆决于上"(《史记·秦始皇本纪》),但以后丞相权势日增,位极尊隆,遂成心患。所以,自汉武帝始,屡屡起用内臣以架空三公,削弱相权,渐有"中朝"与"外朝"之分。后经由魏晋南北朝之变,终于形成唐代较为稳定的中央机构。至此,"三公论道之官也","皆不视事"(《唐六典》),实权则归于中书、门下、尚书三省。三省长官共同行使宰相权,因此便于皇帝控制。宋代有二府三司制,反又架空三省。相权被进一步分割,并使调兵权与指挥权相分离。至明代,干脆废除丞相制度,使六部直接向皇帝负责。凡此以及地方官制的种种变化,"仔细考察起来,无非是专制君主及揽权者们弄权斗法的结果"[2]。一部中

---

1 吏治的重要也反映在刑法典中。古代法典内容与吏治有直接、间接联系的不下十之五六。以唐律为例,律文十二篇直接讲官吏职守的就有职制、厩库、擅兴、捕亡、断狱五篇,其他各篇亦鲜有不涉及者,这还不算律文之外其他各种法律形式中有关吏治的规定。如果把这些都搜集到一起,一定蔚为大观,并会使人对于中国古代法及各种典章制度获得更为深刻和全面的了解。

2 王亚南:《中国官僚政治研究》,北京:中国社会科学出版社,1981年,第66页。研究中国官僚政治,这是一本必读书。本文由此书获益良多。

国古代官制史，明里暗里，处处可见这类斗法的痕迹。矛盾尖锐时，大动刀兵的事也会发生。天下甫定诛杀功臣的事例不绝于史，就很能说明问题。像宋太祖那样以"杯酒释兵权"（《宋史·石守信传》）算是极温和的。明太祖废相制，直接以丞相胡惟庸开刀，受此案牵连而被诛杀者逾三万人。不久又有"蓝玉案"，诛杀一万五千余人。这段史实今天读来仍令人怵目惊心。但实际上，在中国传统政治模式中，这类情事是必然要不断发生的。朱元璋兴胡、蓝党案不过做得较为激烈罢了。秦代运命短祚，暂可不论。自汉洎清，禁止臣属内外交通、交结朋党的禁令、严法不胜其多，足使后人窥见历代君王在这个问题上的恐惧和敏感心理。诚如王亚南先生所说："所谓寝食不安，所谓宵旰图治，在天下已定或大定之后，主要还不是为了对付人民，而是为了对付臣属哩！"[1]

中国古代帝王尊为天子，俨然高不可攀，但越是如此，他就越是虚弱，因为他不能不更多地依赖其臣属，以之为间接统治人民的工具。这样一来，不但江山能不能坐稳要看官僚集团的向背，政绩的好坏也须以官吏的素质为转移。这一点，古来帝王都是很清楚的。所以，在消极防范之外，君主更须花大气力解决好官吏的选用和管理问题。

关于官吏的任用，起初并无定制。秦汉通行的方法大抵有荐举、辟除、征召三种。以这种办法铨选官吏，缺乏固定标准，

1　王亚南：《中国官僚政治研究》，第 63 页。

易生流弊。即使从积极方面说，也很难人尽其才。萧何月下追韩信一类的事毕竟少见。所以，如何改进和完善任官制度一直是统治者关注的问题。以后，中经魏晋的九品中正制，逐渐过渡到隋唐的科举制度，终于使官吏选任问题得以较为圆满的解决。采用科举制，既便于思想统制，又可以扩大官僚集团的社会基础，亦有助于改善吏治。从历史上看，科举制初行也确实颇见成效。不过，我们不要忘记，中国古代科举制不过是吏治的产物，而吏治又只是所谓人治的历史表现。改善吏治绝非消除人治的手段，而是人治模式中自我调节的机制。它不但具有传统官僚政治的一般特点，同时也难以免除人治-吏治模式自身具有的种种弊端。[1] 在这种情形下，科举制施行既久，弊窦丛生的情形也应在意料之中。清世祖福临在顺治十年的上谕中痛心疾首，历数科举流弊。

> 比来各府州县生员，有不通文义，倡优隶卒本身及子弟，厕身学宫，甚者出入衙门，交结官府，霸占地土，武断乡曲。国家养贤之地，竟为此辈藏垢纳污之所。又提学官未出都门，在京各官开单属托；既到地方，提学官又采访乡绅子弟亲戚，曲意逢迎。甚至贿赂公行，照等定价；督学之门，竟同商贾；正案之外，另有续案，续案之外，又有寄学，

---

[1] 更何况，与科举制同时的还有铨选、选授、荫补、捐纳等其他任官方式。保留这些方式的道理十分简单，"专制君主及其大臣们施行统治，没有用人的特殊权力，没有任意拔擢人的特殊权力，就根本无法取得臣下的拥戴。任何人走上仕途，如全凭考试，他们就不会对上峰表示特殊的恩遇"。（王亚南：《中国官僚政治研究》，第110页）

并不报部入册。以致白丁豪富，冒滥衣巾，孤寒饱学，终身淹抑，……种种情弊，深可痛恨。(《东华录》顺治十年，转引自上引王亚南书)

有趣的是，这样一种考试制度在 19 世纪被介绍到西方以后，竟在欧美成为建立近代文官制度的巨大推动力。改革者撰文鼓吹考试制度的优越性，盛赞来自东方的古老制度。当然，这不是盲目照搬，而是创造性的选择。因为欧美诸国当时所面临的，并非以考试制度挽救或完善吏治，而是通过建立新制度来满足近代政党政治和法治的要求。它的关键是造成政务官与事务官的分野，使文官集团职业化。历史表明，没有这一转变，近代政府的职能就不能正常发挥，现代化商品经济和大工业生产也难以顺利进行。由此反观中国的科举制，古老的选官方式又多一层社会的合理性。1840 年以前，中国社会始终未脱农业经济的封闭、落后状态。统治者的最高理想无非是保持"黎民不饥不寒"的基本水准。政府的功能主要是统治性的，选任官吏的制度也只能为此而设计。

政府职能简单，并不等于对官吏的管理可以放任或只以一二种基本原则来指导。因为，政府职能虽可因社会生活的简单而较为单纯，官僚政治可能产生的各种乱子却不会因此而不存。本来，吏治的核心在明君，在贤相，而官僚集团的取舍往往比君主的意向更为重要。所以，整饬吏治历来是中国传统政治的根本问题。中国古代监察制度的发达正可以说明这个问题的重要。

古代监察制度发端于秦。依秦制,中央设御史大夫,职掌御史台,主要负责察举违法官吏。御史台还向各地派出监察官员,称监御史。这种制度不但为后人所承继,而且被发扬光大。唐代监察组织分为台院、殿院、察院,分别对象、区域行使职权,这表明古代监察制度已经愈加细密、完善。这里,我们不但可以把监察制度看成吏治的重要标志,而且还可以之为标准来衡量吏治的发达程度。从客观上说,古代吏治的组织机制迟早要产生出这样一种制度,并把它置于不可或缺的重要地位。从主观上说,君主欲振纲纪,核名实,整顿吏治,首先可以依靠的也只能是这些"激浊扬清"的风宪官。因为,古代监察组织无非是"天子风纪耳目之司"(《明史·刑法志》),是君主用以侦察、控制官僚集团的重要工具。监察之不存,无异使君主耳目失聪,束手无策。唐睿宗说:"彰善瘅恶,激浊扬清,御史之职也,政之理乱,实由此焉。"(《唐大诏令集》卷一百)明太祖云:"国家立三大府,中书总政事,都督掌军旅,御史掌纠察,朝廷纪纲尽系于此,而台察之任尤清要。"(《明史·职官制》)监察官员虽负有如此大任,毕竟不都是圣贤之辈,与那些受其监督的官吏相比,也没有必然的贤与不肖的差别,更何况,作为管官之官,督察者不受民众监督,只向皇帝负责,谁可以保证他们德才兼备,忠于职守呢?可能的答案只有一个,圣明之君。于是,问题又回到"用人"上来。

唐太宗李世民有言:

致治之本,惟在于审,量才授职,务省官员。故《书》称:"任官惟贤才。"又云:"官不必备,惟其人。"若得其善者,虽少亦足矣,其不善者,纵多亦奚为?……使得各当所任,则无为而治矣。(《贞观政要》卷三)

太宗曾将都督、刺史的名字写在卧室屏风之上,坐卧恒看,并将各人政绩录于其名下。用心如此良苦,无非是要用人得当。太宗云:

朕居深宫之中,视听不能及远,所委者惟都督、刺史,此辈实治乱所系,尤须得人。(《贞观政要》卷三)

可见,治乱的关键在于"用人",而人君的最高职责就是要身体力行,贯彻吏治的根本原则:选贤任能。

选贤须明察,明察则须纳谏。这就要求君主(当然也包括各级用人的官吏)有远大的目光和虚怀若谷的修养,对于那些手握大权而很少甚或绝无约束的人来说,做到这一点很不容易,不但做到而且坚持下去,那就更不容易。唐太宗与魏徵曾有一段著名的对话,颇能说明问题。

太宗谓侍臣曰:"守天下难易?"侍中魏徵对曰:"甚难。"太宗曰:"任贤能,受谏诤,即可,何谓为难?"徵曰:"观自古帝王,在于忧危之间,则任贤受谏。及至安乐,必怀宽怠,言事者惟令兢惧,日陵月替,以至危亡。圣人所以居安思危,正为此也。安而能惧,岂不为难?"(《贞观政要》卷一)

魏徵所言,正是古来帝王的必行之路。后人往往把贞观之治的昌明景象归功于太宗从谏如流、居安思危的个人品质,又把太宗晚年渐生骄矜之心看作贞观后期战争与徭役频繁的原因,这些自然不错,但是,如果我们能从人治-吏治这一政治模式入手来把握问题,无疑会更深刻些。

王亚南先生指出:"选贤任能是官僚政治的口号,'能者在位,贤者在职'的理想的实现程度,确也能测定那种政治场面的休咎与吉凶。"[1]只是,"能者在位,贤者在职"理想的实现终究要归结到用人者的贤明,所以,反过来说,吏治清明必定以"天子圣明"为前提。然而,天子圣明又是靠什么来保证的呢? 如果皇权之上之外没有一种有效的制约机制,那就只能指望人君内心的自我约束了。这样一来,政治问题就变成了修养问题,天子的一言一行也都具有了道德风范的意蕴。不是要选贤任能吗?

古人云,王者须为官择人,不可造次即用。朕今行一事,则为天下所观;出一言,则为天下所听。用得正人,为

1　王亚南:《中国官僚政治研究》,第 102 页。

善者皆劝;误用恶人,不善者竞进。赏当其劳,无功者自退;罚当其罪,为恶者戒惧。故知赏罚不可轻行,用人弥须慎择。(《贞观政要》卷三)

可见,用当其人,还有劝善止恶的巨大道德示范作用。这个问题甚至是治乱之道更根本的所在,太宗云:

若安天下,必须先正其身,未有身正而影曲,上治而下乱者。朕每思伤其身者不在外物,皆由嗜欲以成其祸。若耽嗜滋味,玩悦声色,所欲既多,所损亦大,既妨政事,又忧生民。且复出一非理之言,万姓为之解体,怨讟既作,离叛亦兴。朕每思此,不敢纵逸。(《贞观政要》卷一)

这种对于利害关系异常清醒的理智态度,可说是贞观之治得以出现的主观条件。然而,也正是这种把治国大计转化为道德问题的做法,暴露出中国传统政治模式固有的致命弱点。用身体力行的道德实践方式来团结臣民,说明维系着官僚集团的是共同的道德信念,而意识形态的联系最终又不可避免要归结于人心。不错,典章制度不可或缺,法律的威严也要时时加以强调。然而,圣上的贤明和官吏的廉正不能靠外在的规范来保证,相反,倒是个人内在的品行、修养可以决定政制的存亡。这并不是因为外部的规范不足以约束个人,而是因为那种可以有效约束个人的外部规范从来没有——在中国传统文化的氛围中也不可能——建立起来。孔子云:"其人存则其政举,其人亡则其政亡。"(《礼记·中庸》)这是两千年间不移的真理。虽说历代帝王都极重视法典的修订,并为掣肘臣下而在官制安排上颇费心计,但那不过是弄权的结果。法律从来都不是权力的基础,至高无上的皇权反倒是法律的源泉。如果说,君主表示对于法律的尊重,那只是为了取信于民,树立自己的公正形象,使"民知罪之无私,故甘心而不怨;臣下见言无忤,故尽力以效忠"(《贞观政要》卷五),谁不知道"君私于上,吏奸于下"的道理呢?因此需要明君。官吏们自然应该服从法律,但不必对法律负责,因为他们的权力乃是皇上的恩赐,法律最多只是其权力的限制,而不是权力的基础。法治之下,文官集团职业化了,人只能以身就职;但按照人治-吏治的原则,官职乃是身份和特权,让这些有特殊身份的人屈从于法律谈何容易,因是需要贤臣。然而,明君贤臣的理想在现实中竟是多么不易实现。汉廷尉张释之秉公执法之所以可贵,魏武帝曹操割发代首之所以可敬,唐太宗李世民任贤纳谏之所以可佩,宋丞相包拯铁面无私之所以可赞,全在其难能而能。历来对明君贤相的歌颂,归根结蒂,都是对制度的否定。只有在制度无望的情况下,人们才拼命赞美个人的道德操守。然而,这种赞美愈是热烈,期待愈是真诚,现实中的明君贤相便愈发地难得。纵观中国历史,自秦泊清,凡两千余年,贤明者如李世民、魏徵辈实在是"千世而一出"。昏庸之君、贪暴之吏倒是不胜其多。而且,愈是到了后期,官场愈是腐败,纵有励精图治的君主,也回天无力,难以挽回颓势了。比如明太祖朱元璋兴大狱、废丞相,严禁臣下交结朋党,谨防后宫、宦官干预朝政,严刑峻法,无所不用其极,末了反而促成宦官揽权,阉党专政的局面。这不能不说是传统政治格局中以人制人的必然归宿。正因为如此,玩弄权谋于上,掣肘大臣于下,永远是君主无限关注却又注定不能彻底解决的难题。自然,在人治-吏治的政治模式中,难题并不止此一端。这里不妨再举一例。惩治贪官污吏一向是吏治的重要内容,规模浩大的打击贪吏运动也时有发生,但是这些措施纵可以行一时之计,结构性的腐败之风最后总是无法消除。明代的历史就是一个好例。据《明史·刑法志》:"太祖开国之初,惩元季贪冒,重绳赃吏。"根据明律规定,受人财物而曲法科断者,一贯以下杖七十,八十贯者,绞。对犯有赃罪的监察官吏,处刑更严。明律规定:"凡风宪官吏受财及于所按治去处求索借贷人财物,若买卖多取价利及受馈送之类,各加其余官吏罪二等。"大明律之外,朱元璋还亲自编制《大诰》,"取当世事之善可为法、恶可为戒者,著为条目,大诰天下"(《洪武实录》卷一七九)。其中,有相当部分是惩治贪官污吏的案例。与明律相比,《大诰》内容更形严厉,并有不见于律文的种种酷刑。对于当时轰轰烈烈的惩治赃吏运动,后人亦有翔实的记载:

　　明祖严于吏治,凡守令贪酷者,许民赴京陈诉,赃至六十两以上者,枭首示众,仍剥皮实草。州府县卫之左,特立一庙,以祀土地,为剥皮之场,名曰皮场庙。官府公庙旁,各悬一剥皮实草之袋,使之触目惊心。[1]

从这里可以看出明太祖惩治贪吏的决心。不过,客观效果未必总与主观愿望相一致。甚至朱元璋在世时就已痛心地发现,"我欲除贪赃官吏,奈何朝杀而暮犯"[2]。征诸史实,明代法律固严,明代贪赃枉法之风却较前朝更烈。问题似不在于统治者决心不大,努力不够,而在于人治-吏治模式的内在机制只能如此。"综观历朝贪污史录,愈接近近代贪污现象亦愈普遍,贪污技巧亦愈周密,而与惩治贪污刑典的宽严似无何等重大关系。"[3]刑罚只可以惩处犯罪的结果,却不能消除犯罪的原因,这个道理,明太祖大概不甚懂得。他不知道,他意欲消除的,正是他竭力想要维护的制度的副产品。"中国社会经济发展至明、清两代,流通经济现象愈益活跃,高利贷业商业的扩展,对官吏贪欲的助长已非常明白;而凝固的政制措施,不能适应变动发展实况所造成的大小漏洞,复给予各种贪欲以发泄的机会。"[4]透过这个具体原因的说明,我们更可以了解,为什么愈是到了后来,吏治愈容易腐败,并且这种腐败愈是不易救治。

在传统的人治-吏治模式中,社会最需要明君贤相的出现。然而,正唯如此,明君贤相才不易出现。历史的最大嘲讽莫过于此。

<hr>

1 赵翼:《二十二史札记》,"重惩贪吏"条。
2 刘辰:《国初事迹》,转自《中国法制史》,第 285 页。
3 王亚南:《中国官僚制度研究》,第 119—120 页。
4 同上,第 120 页。

三

一般所谓官僚政治的模式并不只见于古代中国。在欧洲，大约 16 到 19 世纪之间，先后出现了一批君主专制的官僚政治国家。上面关于中国古代社会政治原则的最一般结论也可以适用于这些国家。不过，在做这种比较与判定的时候，我们必须格外谨慎。因为，欧洲历史上的君主专制国家只是封建的中世纪与近代资本主义之间的过渡阶段，其历史不过二三百年。与中国两千年的君主专制的官僚政治相比，不但显出时间上的短促，更表现出文化背景方面的巨大差异。这种差异特别可以在旧制度的批评者所取的立场上看出。

中国古代社会经由汉唐的大发展之后，盛极而衰。吏治腐败，日甚一日。宋、元、明、清诸朝，虽不乏励精图治的君主，欲挽狂澜于既倒毕竟是不可能了。于是，晚近较有识见的思想家遂将批评的矛头，由对朝政得失的品评逐渐转到对于专制君主的抨击。其中，认识最深，抨击最力者，当推清初思想家黄宗羲。把他与欧洲 17、18 世纪的启蒙思想家作一比较，我们可以发现一个重要的差异。18 世纪欧洲政治思潮的主流可以在孟德斯鸠的名言里得到说明："从事物的性质来说，要防止滥用权力，就必须以权力约束权力。"[1] 这是宪法理论和分权原则的基

1　[法]孟德斯鸠:《论法的精神》(上),第 154 页。

础。与此相反,黄宗羲关于"置相"和"学校"的议论却仍然未脱贤人政治的窠臼[1]。人们可以把产生这种差别的原因归之于历史的和阶级的局限,但我们绝不可以忽视这样一个事实,黄宗羲与欧洲近代启蒙学者是站在不同的文化背景上思考问题的,他们的思维方式和思维所借助的材料不是他们任意选定的,而是作为某种"集体表象"直接呈现在他们眼前,深埋于他们心中的。因此,我们不能不由人治-吏治的理论和实践转而探究其哲学上的依据。

不管是否有明确的意识,一种政治哲学的提出通常是以关于人性的假定来作它的前提。而人性的善恶确也是古代政治哲学讨论的中心问题。尽管作为一个哲学或者道德命题,关于人性的任何一种立论都是可以反驳的,但是这些立论一旦成为政治学上的假定和前提,立刻就会产生惊人的后果。这里,我们不妨从中、西思想家有关人性的看法入手,了解并且阐释人治和法治两种政治模式更深一层的歧异。

西方文化常被人称为"罪感文化",至于中国文化,则有人称之为"乐感文化"[2]。这一对比颇能说明二者的不同。在西方,人性恶的思想由于基督教的缘故而得到广泛传布,原罪的

---

[1] 有现代研究者认为,黄宗羲具有近代民主思想,他关于"置相"和"学校"的议论近于近代内阁制和代议制的理论。见侯外庐《中国思想通史》(第五卷)第三章第二节,北京:人民出版社,2011年;李泽厚《中国古代思想史论》,北京:人民出版社,1985年,第280—284页。笔者对此说不敢苟同。只是,关于这个问题,本文不能详论,当另文说明。

[2] 见李泽厚《中国古代思想史论》,第306—316页。

观念成为一千多年间人们反复讨论和争执不休的问题。[1] 相比之下,中国哲学中从来没有过类似基督教中"原罪"那样强固的恶的观念。善才具有根本的意义,恶只存在于过与不及之间。[2] 这种差别具有深刻的含义。如果人生来是有罪的,如果"人性已经腐化并且是从上帝那里堕落下来的"[3],人怎么可能在内心找到善的泉源,又怎么能够指望依靠自己获得拯救?这种罪恶意识自然要导致灵魂与肉体、此岸与彼岸的尖锐对立。相反,中国式的达观绝不否弃现世的存在。因为,人性中有善端,有良知,有天然向善的倾向。善就在内心。这一点,朱子表述得非常清楚。理,亦即性,就在我的心里,它是善的,好的。人之贤与不肖,与理(性)没有直接的关系,而在于他所禀受的气的清浊。

> 但禀气之清者,为圣为贤,如宝珠在清冷水中。禀气之浊者,为愚为不肖,如珠在浊水中。所谓"明明德"者,是

---

1 "耶和华见人在地上罪恶很大,终日所思想的尽都是恶"(《创世记》6.5)。"人从小时心里怀着恶念"(《创世记》8.21)。这是《圣经》的传统,也是中世纪以来西方文化的传统,西方近代政治哲学正是在这种传统中成长起来的。详见下。

2 戴震云:"欲之失为私,私则贪邪随之矣。情之失为偏,偏则乖戾随之矣。知之失为蔽,蔽则差谬随之矣。不私,则其适皆仁也,皆礼义也。不偏,则其情必和易而平恕也。不蔽,则其知乃所谓聪明圣智也。"(《孟子字义疏证》卷下)实际上,即便是宋明理学的"天理"和"人欲"也并非灵魂和肉体的决绝对立。诚如冯友兰先生所言:"饮食男女之欲,宋儒并不以为恶,特饮食男女之欲之不正者,换言之,即欲之失者,宋儒始以为恶耳。朱子谓欲为水流之至于滥者,其不滥者,不名曰欲也。"[冯友兰:《中国哲学史》(下),北京:中华书局,1984年,第1005页]关于中国传统观念中善与恶的地位,又可见李泽厚《中国古代思想史论》,第238、308页。

3 [法]帕斯卡尔:《思想录》,北京:商务印书馆,1985年,第202页。

就浊水中揩拭此珠也。(《朱子语类》卷四)

　　人性本明,如宝珠沉溷水中,明不可见。去了溷水,则宝珠依旧自明。(《朱子语类》卷十二)

　　求善不必向外,只须修身,是"就浊水中揩拭此珠也"。这里强调的是内省的功夫,而不是外求的必要。因此,儒家的人生最高境界不是灵魂向上帝的归依,而是通过道德修养的手段使物我界限不复存在,进而达到物我皆一的"天人合一"境地。这种不假外求、反身自诚、在内心(有限)中求宇宙(无限)的内修方式,是中国古代哲学把握世界的独特方式。习惯于"上帝"观念的西方基督教文明,要了解这种无须任何中介的"自救"方式一定是很困难的。[1] 帕斯卡尔认为,人没有上帝是可悲的,因为那就意味着人失去了得救的希望。而古老的中国哲学却教导人们树立起一种信念,相信内心的力量是无所不克的。这样一种信念在政治哲学上有着重大的意义。[2]

　　孔子论政云:

　　　　为政以德,譬如北辰,居其所而众星共之。(《论语·为政》)

　　　　君子之德风,小人之德草,草上之风必偃。(《论语·

1　有人名之为"外在超越"与"内在超越"的对立,也很能说明问题。见林毓生《关于政治秩序的两种观念》,《知识份子》1985年第4期。

2　这是政治道德化的内在依据。至于它的历史根源这里暂不讨论。

颜渊》）

这是以人性本善的思想为依据的。正因为人性是善的，所以下民可教、可化，社会秩序亦可建立于统治者道德人格的感召力量之上。这样一来，政治便道德化了。即便是采用强暴手段，也要使它从属于"道德"的目的。所谓"德主刑辅"，所谓"明刑弼教"，便是此理。

孔子的政治纲领虽然以性善为依据，他却不曾明言人性究竟是善还是恶。中国历史上第一个阐明性善论，并以明确形式把政治建立在心理原则之上的是孟子。

孟子的"不忍人之政"，亦即上文所谓王道、王政或仁政，直接以人心为依据。

　　人皆有不忍人之心。先王有不忍人之心，斯有不忍人之政矣。以不忍人之心，行不忍人之政，治天下可运之掌上。（《孟子·公孙丑上》）

在孟子看来，仁、义、礼、智并非强加于人的外在要求，而是人心固有的"善端"。人只要将此"善端"扩而充之，便可以成圣成仁。这是"内圣"之道。然孟子并不以此为满足，与孔子相比，他更注意将此道应用于政治领域，使"内圣"与"外王"紧密结合起来。[1] 孟子以后的思想家，对人性的善恶虽有不同的看法和解说，其一般政治纲领都不能脱出孟子思想的框架之外，[2]"内圣外王"遂成为两千年来我国传统政治哲学的最高理想。这个最高理想在儒家经典《大学》里得到了系统而完备的表述：

> 物有本末，事有终始，知所先后，则近道矣。古之欲明明德于天下者，先治其国。欲治其国者，先齐其家。欲齐其家者，先修其身。欲修其身者，先正其心。欲正其心者，先诚其意。欲诚其意者，先致其知。致知在格物。物格而后知至。知至而后意诚。意诚而后心正。心正而后身修。身修而后家齐。家齐而后国治。国治而后天下平。自天子以至于庶人，一是皆以修身为本。其本乱而末治者否矣。其所厚者薄，而其所薄者厚，未之有也。此谓知本，此谓知之至也。（重点号为引者所加）

这段话里，最可注意的是由"内圣"而"外王"的程序。从格物到修身，讲的是内圣之道，从修身到平天下，则是外王的途径。按照古代儒者"穷则独善其身，达则兼济天下"的标准来看，修身既是终点又是起点，有独立的价值，所以是"本"。这

1　见冯友兰《中国哲学史》（上），第 154 页。

2　荀子曰："请问为国？曰：闻修身，未尝闻为国也。君者，仪也；仪正而景正。君者，槃也；槃圆而水圆。君者，盂也；盂方而水方。君射而臣决。楚庄王好细腰，故朝有饿人。故曰：闻修身，未尝闻为国也。"（《荀子·君道》）可见，荀子的性恶论并不彻底。以后如董仲舒、王充以及宋明理学各家，也都把"内圣外王"奉为政治的最高鹄的。

样,治平天下的政治问题就被归结为修身养性的道德要求,而这种道德要求又只能依靠内修的方式,依靠对人性中善的发掘才可能实现,这是极端的政治道德化。由此产生了中国式的"政教合一":政治和道德打成一片,密不可分,政治问题便无所不在,所谓"是道也,是学也,是治也,则一而已"[1]。"学术、思想乃至教育本身,完全变为政治工具,政治的作用和渗透力就会达到政治本身活动所不能达到的一切领域了。"[2] 其结果自然是加深了政治的道德化,使之愈加彻底和难以动摇。

这种情形不见于、亦难见于西方基督教文明。在那里,灵魂与肉体的冲突、此岸与彼岸的割裂以及教会与国家的对立,实际上造成内心世界与外部世界的分离,堵塞了由"内圣"至于"外王"的途径。13 世纪的经院派大师托马斯·阿奎那说:

> ……世俗权力要受宗教权力的支配,如果这是由上帝如此规定的话;即在有关拯救灵魂的事情方面。在这些问题上,人们应先服从宗教权力,然后再服从世俗权力。可是,在有关社会福利的事情方面,应该服从的是世俗的权力而不是宗教的权力。因为按照《马太福音》(第二十二章,第二十一节)给我们的指示,"凯撒之物应归凯撒"。[3]

1　龚定盦语。转引自王亚南《中国官僚政治研究》,第 43 页。
2　同上书,第 43 页。
3　[意]托马斯·阿奎那:《阿奎那政治著作选》,北京:商务印书馆,1982 年,第 153 页。"耶稣说:凯撒的物当归给凯撒,神的物当归给神。"(《马可福音》12.17)这是教会与国家分立的原则,也是早期教父们信守的传统。承认教会与国家的二元论乃是中世纪欧洲思想的特征。

教会所关心的是人的内心生活，是灵魂得救问题。国家则否，它所注重的是人的外部行为，是社会秩序问题。这样，人的内心生活和外部活动就分别受到不同规则的支配。对于世俗统治者来说，法律政令只与人的外部行为有关，因为，就事物的本质而言，"他只能对外在的行动作出判断"[1]，"只有作为神法制订者的上帝才能判断意志的内在活动"[2]。虽然在圣·托马斯的理论构架中，政治学从属于伦理学，世俗国家的活动乃至其存在本身，都是为了至高之善的实现，但是，他对于教会与国家各自价值的确认，他把人的内心活动和外在行为分别划归教会和国家管辖的做法，却在某种意义上为近代政治学和法律学的建立以及"政教分离"的实现奠定了基础。

这里，我们不要忘记，作为一个西方思想家，一个中世纪神学理论的阐释者，托马斯·阿奎那当然是在人性恶的前提下讨论问题。他的思想同样无法逾越"外在超越"的宇宙观：国家必须注意控制人的外在行为，这不仅是因为人的内在活动只有神法才可以判断，而且还因为腐败的人性不足以成为政治的可靠依据。[3] 同样，灵魂的得救也不能依靠内修的方式，人只通过教会这一中介，才可能最终到达善的彼岸世界。这种对于人的内

1　[意]托马斯·阿奎那：《阿奎那政治著作选》，第 127 页。

2　同上。

3　在圣奥古斯丁所描写的"地上的城"里，"人不为己，天诛地灭"乃是通行的格言。"自私统治着这个国，各种自私自利的目的互相冲突，使它终将沦为罪恶的渊薮。"[美] G. F. 穆尔：《基督教简史》，郭舜平译，北京：商务印书馆，1981 年，第 162 页。

在力量的怀疑和否弃,归根到底是建立在性恶的信念上的。在这种思想传统中成长起来的政治思想家,自然会采用现成的材料和工具来构建自己的理论。16世纪的英国神学家胡克尔写道:

> 一句话,除非假定人的劣根性比野兽好不了多少,并针对这种情况作出规定,以防范人的外部行动,使它们不致妨碍所以要组成社会的公共福利,除非法律做到这种地步,它们便不是完美的。[1]

胡克尔的理论与日后英国确立的政治原则有密切关系。近代最早提出分权理论的洛克深受其影响,他的名篇《政府论》正是以胡克尔《宗教政治的法律》一书所提供的政府理论为基础写成的。[2] 这当然不是某种偶然的、个人的联系,而有其历史的内在逻辑。正因为如此,近代启蒙学者和自由主义思想家几乎无一不是坚守性恶的立场。洛克说:

> 谁认为绝对权力能纯洁人们的气质和纠正人性的劣

1　转引自[英]洛克《政府论》(下篇),第83—84页,注①。这段话使我们想到法家的刑罚理论,它也主张把法律建立在性恶的假定上。二者的深刻差异在于,中、西思想家对于法的认识是完全不同的,法家所谓法,辄与刑有关,根本不可能含有宪法,亦不能约束君主。这样,它的"性恶"论就不能应用于君主。而政治学上的性恶论主要是以权力阶层为对象的。所以,法家虽主性恶,但近代政治学却不能产生于其中。

2　胡克尔的政治、法律思想在许多方面继承了托马斯·阿奎那。所以,我们应该把他对于洛克的影响放在中世纪神学政治理论与近代政治理论的关系这一大背景下来解决。

根性,只要读一下当代或其他任何时代的历史,就会相信适得其反。[1]

孟德斯鸠断言:

一切有权力的人都容易滥用权力,这是万古不易的一条经验。[2]

19世纪的阿克顿爵士说得更干脆:

权力必致腐化,绝对的权力绝对地腐化。[3]

这种对于人性的深刻的不信任虽然是经验和观察的结果,却也明显带有基督教文明的印记[4]。与中古的神学政治理论相比,近代政治学虽然不再用神学的语言讨论问题,但它所由出

---

1 [英]洛克:《政府论》(下篇),第56页。
2 [法]孟德斯鸠:《论法的精神》(上),第154页。
3 转自子愚《权力与腐蚀》,《读书》1979年第8期。
4 关于政治学中性恶的假定,我们甚至可以发现更为久远的传统。柏拉图最初曾设想过一种合政治的伟大和智慧于一的哲学家王。但他很快就发现,这个理想实在崇高得难以企及。在现实社会生活中,这种理想极易演成独裁的丑剧。所以,在他晚年所著的《法律篇》中,哲人的统治就让位于法律的统治。法律比之人心确有更多的优越性。这一点,亚里士多德也有明白的论述。在这位西方政治学的鼻祖看来,法律之可取不仅在于它是一种"没有情感的理智",更重要还在于,它是实现一切善德的最基本条件:"人在达到德性的完备时是一切动物中最出色的动物;但如果他一意孤行,目无法律和正义,他就成为一切禽兽中最恶劣的禽兽。"他又说:"传贤而不私其子之美德是不易做到的,我就不敢对人类的本性提出过奢的要求。"([古希腊]亚里士多德:《政治学》,1286^{b}25)。

发的立场,乃至它寻求解决办法所依循的途径,依然令人想到
那些古老的模式。洛克指出:

> ……如果同一批人同时拥有制定和执行法律的权力,
> 这就会给人们的弱点以绝大诱惑,使他们动辄要攫取权
> 力,借以使他们自己免于服从他们所制定的法律,并且在
> 制定和执行法律时,使法律适合于他们自己的私人利益。[1]

解决的办法,是为权力划定界限,"以权力约束权力"! 洛
克之后的孟德斯鸠把国家权力一分为三,即立法权、行政权和
司法权。他认为,只要上述三权中的任何两项集中在一个人或
同一机关之手,自由便不复存在。如果这三种权力竟都归而于
一,"则一切便都完了"[2]。他由此得出结论:三权分立乃是一切
政治自由的保障。这种权力制衡的观念正是西方近代法治理
论的核心部分。

现在,我们可以回过头来,再行审视古代中国的传统政治
理论。与哲学意识的深层相比,表层的对立显得更为触目。

朱子论"帝王之学"云:

> 天下之务莫大于恤民,而恤民之本,在人君正心术以
> 立纪纲。盖天下之纪纲不能以自立,必人主之心术公平正

---

1 [英]洛克:《政府论》(下篇),第89页。
2 [法]孟德斯鸠:《论法的精神》(上),第156页。

大，无偏党反侧之私，然后有所系而立。(《宋史·朱熹列传》)

天下事有大根本，有小根本。正君心是大本。(《朱子语类·论治道》)

大抵立法必有弊，未有无弊之法，其要只在得人。若是个人，则法虽不善，亦占分数多了。若非其人，则有善法，亦何益于事。(同上)

这并非腐儒的空谈，历来明君贤相也都有这样的自觉。唐太宗不是说过"若安天下，必先正其身，未有身正而影曲，上治而下乱者"一类的话吗？明大臣张居正亦云：

臣闻帝王之治天下，有大本，有急务。正心修身，建极以为臣民之表率者，图治之大本也。(《张文忠公全集·陈六事疏》)

从这里出发，政治批评只能变成为道德评价，政治改革也不能不以自省自修的道德拔高为目标。宋儒之提出"正君心"的口号，便是明显的一例。

专横的权力、暴虐的法律，以及因权力腐蚀而沉沦的人性，这些都是"人治"之下最常见到的现象，并无中、西之别。同样，对于这些现象的观察与抨击，也屡屡见诸存留至今的中、西历史文献。只是，在分析弊端产生的原因和提供解决的办法等方面，中、西思想家所关注的问题是极不相同的。这里固然存在社会形态、历史阶段等方面的原因,但我们绝不可忽视思维模式、价值评判等观念形态和文化传习在其中所起的作用。在传统的人治－吏治模式中,把社会进步的希望寄托在开明君主身上,不过反映了表层权力结构的特征,然而,汉儒董仲舒"天人感应"的"灾异说",和宋儒朱熹的"正君心",同时还是某种深层心理结构的再现。相信人的内心有无穷的力量可以发掘,把这种信念引入政治领域,化政治为道德,以为只依靠思想和道德的力量就可以解决一切社会问题,这便是中国传统政治的最大弊害,也是它仅靠自身永远不能现代化的症结所在。

四

古希腊的政治理论和古罗马的法律学可以为西方近代国家所继承,后者又可以为包括社会主义国家在内的所有现代国家所借鉴,这在很大程度上要归因于它们本身所具有的形式合理化。这一点恰恰是中国古代政治理论不曾具备的。在这里,政治理论以实体的伦理规则为核心,政治秩序则建立在道德意图的基础之上,政治问题的根本解决亦只好求助于道德改造的手段。至于典章制度,"它们大多是技术性的、业务性的,为特定的目的服务的,大家并不把它当做产生政治秩序的最基本因子"[1]。这种伦理政治的模式完全无法应付现代社会的政治与

1　林毓生:《关于政治秩序的两种观念》,《知识份子》1985 年第 4 期。

经济要求,因而注定要在现代化的进程中被抛弃。然而,这并不等于说,古代政治传统会因其不符现代社会的基本要求而自动消失。须知,任何观念形态都有其相对的独立性,更何况,中国古代政治传统的形成和发展有着极为特殊的一面,那就是王亚南先生在其《中国官僚政治研究》一书中提到的"包容性"和"贯彻性"。

所谓"包容性","那是指中国官僚政治所包摄范围的广阔,即官僚政治的活动,同中国各种社会文化现象如伦理、宗教、法律、财产、艺术等等方面,发生了异常密切而协调的关系"[1];所谓"贯彻性","那是指中国官僚政治的支配作用有深入的影响,中国人的思想活动乃至他们的整个人生观,都拘囚锢蔽在官僚政治所设定的樊笼中"[2]。前一方面正是上文所谓"中国式"的"政教合一"。它是一种全面的渗透合一,"惟其中国专制的官僚的政治自始就动员了或利用了各种社会文化的因素以扩大其影响,故官僚政治的支配的、贯彻的作用,就逐渐把它自己造成一种思想上、生活上的天罗地网,使全体生息在这种政治局面下的官吏与人民、支配者与被支配者都不知不觉地把这种政治形态看为最自然最合理的政治形态"[3]。而千百年来的循环往复的历史几使这种政治信念变为中国人的"第二天性"(王亚南语)。即便是在外部条件变换的情况下,它也可能潜伏在民

---

[1]　王亚南:《中国官僚政治研究》,第39页。
[2]　同上,第39页。
[3]　同上,第43页。

族的无意识层中，抓住一切可能的机会，顽强地表现出来，或者说，它为自己创造出各种机会，又利用这些机会来保证自己的生存。这是一种巨大的力量，只是由于它是无形的精神存在，人们往往难以辨析、洞悉它的潜在破坏性。不过，既然是可以支配人们思想和行为的活的东西，它终究会通过人们的行为和因此产生的结果表现出来。如果这种结果竟是一些惨痛的经验，人们更将起而反省、思考，探索现象后面的各种原因，这便是 20 年前那场历史巨变带来的后果之一。

对于一个富有冷静的理智传统的民族，"文化大革命"是一个耻辱，更是一场令人难以置信的灾难。自然，没有人愿意再回到那个时代中去，但是，为了防止悲剧的重演，首先需要了解酿成悲剧的原因。对这个严肃的问题，可以听到各式各样的回答，比如，党内民主生活尚不健全；领袖人物因骄傲情绪而一意孤行；执政党由于经验不足而工作失误；林彪、"四人帮"有政治野心，人民则不明白真相；等等。的确，这些都是真实的原因，但我们决不可以把一种巨大的历史事实仅仅归因于某些表面现象，更不可以在少数人的贤能与邪恶之间寻找答案。马克思论及 1851 年 12 月路易·波拿巴的政变时写下了这样的妙语：

　　像法国人那样说他们的民族遭受了偷袭，那是不够的。民族和妇女一样，即便有片刻疏忽而让随便一个冒险者能加以奸污，也是不可宽恕的。这样的言谈并没有揭穿哑谜，而只是把它换了一个说法罢了。还应当说明，为什么三千六百万人的民族竟会被三个衣冠楚楚的骗子弄得措手不及而毫无抵抗地作了俘虏呢。[1]

历史往往有惊人的相似之处。至少,我们今天也可以提出几乎相同的问题:为什么七万万人的民族竟会被四个衣冠楚楚的骗子弄得措手不及而作了俘虏呢? 无论个人还是团体都可能犯错误,这不足为奇。但我们要知道,这些错误是怎样产生的,为什么会产生,以及,那些小的失误何以能够慢慢积累起来,终于酿成大的灾难? 如果说,当时的社会缺乏一种有效的自我调节机制,那么,为什么会如此? 有效的自我调节机制实际上又应该是怎样的? 这样,我们逐渐接触到一个更为根本的问题,即国家政治体制问题。

早在 1980 年,邓小平就指出:

斯大林严重破坏社会主义法制,毛泽东同志就说过,这样的事件在英、法、美这样的西方国家不可能发生。他虽然认识到这一点,但是由于没有在实际上解决领导制度问题以及其他一些原因,仍然导致了"文化大革命"的十年浩劫。这个教训是极其深刻的。不是说个人没有责任,而是说领导制度、组织制度问题更带有根本性、全面性、稳定性和长期性。[2]

1　《马克思恩格斯选集》(第 1 卷),第 608 页。
2　《邓小平文选》(一九七五——一九八二年),北京:人民出版社,1983 年,第 293 页。

他又说：

> 权力过分集中于个人或少数人手里，……必然造成官
> 僚主义，必然要犯各种错误，必然要损害各级党和政府的
> 民主生活、集体领导、民主集中制、个人分工负责制等等。[1]

一种缺乏外部制约机制的权力结构的形成，自然有着社
会、历史等多方面的原因，而其中特定的观念形态绝不是一个
无足轻重的原因。在中国，在政治问题上诉诸道德，以思想力
量解决社会问题，这是由来已久的传统。围绕着这种传统，有
一整套的哲学和政治理论，而两千余年"政教合一"的君主专制
的官僚政治又不断强化了这一传统，终而使之转变为稳定的民
族心态，进而对中国近、现代历史的演变发生巨大影响。这种
影响的巨大不仅表现在我们对建立完备的外部制约机制的轻
视和忽略上面，更表现在我们对那种影响着我们的潜在意识毫
无觉察。社会主义革命的目标，是要建设比西方资本主义民主
更真实更高级的民主。但没有人预先对传统的观念、意识进行
一番清算，甚至对所谓"封建主义"的批判也被长期地忽略了。

对于 20 世纪的中国人来说，传统文化既是巨大的遗产，又
是沉重的包袱。如果说，儒家的修身为本、"内圣外王"、"治国

1　《邓小平文选》(一九七五——一九八二年)，第 289 页。

平天下"的一套理论，"把道德自律、意态结构，把人的社会责任感、历史使命感和人优于自然等方面，提扬到本体论的高度，空前地树立了人的伦理学主体性的庄严伟大"[1] 的话，那么，它把道德引入政治、使政治道德化的做法，恰好是今日中国实现政治现代化在观念上的巨大障碍。时至今日，中国的民众不是仍旧时常表露出他们对清官的爱戴之情吗？人们不是还习惯于把制度问题归结为思想作风问题，进而在人心上下功夫吗？很少有人认识到，"制度问题不解决，思想作风问题也解决不了"[2] 。邓小平早就说过："制度好可以使坏人无法任意横行，制度不好可以使好人无法充分做好事，甚至会走向反面。"[3] 因此，富有成效的政治改革必定是在制度的合理化方面下功夫的。当代中国的政治体制改革亦不能例外。就此而言，改革的目标应当是使人心系于制度，风气定于法律。确定这个目标，并为此提供理论上的依据，是当代政治学研究的庄严使命，而对于传统观念的反省、剖析和批判、扬弃正是这一理论探索的题中应有之义。

---

1 李泽厚：《中国古代思想史论》，第 256—257 页。
2 《邓小平文选》(一九七五——一九八二年)，第 288 页。
3 同上，第 293 页。

从苏格拉底之死看希腊法的悲剧[*]

公元前 399 年的一个春日，数百名雅典公民聚于一处，对一个名叫苏格拉底的街头演说家进行审判。审判的结果，被告被判处死刑。那一年，苏格拉底 70 岁。

后来，一位曾领受过苏格拉底的教诲，并且亲历了那场审判全过程的年轻人，用朴实的语句记述了苏格拉底当时所作的申辩，以及他在生命的最后时日里与朋友们极为动人的对话（柏拉图：《苏格拉底的申辩》《克力同》，严群译，北京：商务印书馆，1983 年。本文关于苏格拉底案的叙述，主要参考该书，包括译者撰写的"提要"和"译后话"）。关于苏格拉底的死，我们的知识主要是从那里来的。

苏格拉底的罪名有二：一是慢神和引进新神，二是蛊惑和败坏青年。控诉者是三个普通的雅典公民，一名迈雷托士，地

---

[*] 原载《读书》1987 年第 8 期。其实，原无所谓"希腊法"，有的只是希腊各个城邦的法律。尽管如此，有些基本特征是它们共有的，人们在这样的意义上谈论希腊法，也在这种意义上把雅典的法律看作希腊法的代表。

方诗人,拙劣的悲剧和歌曲作者;一名赖恩,演说家和修辞学家;一名安匿托士,硝皮匠或制革匠。审判者是由 501 名雅典公民组成的陪审法院。这是典型的雅典审判方式。

苏格拉底被控的罪,既是宗教的,又是政治的,而在当时的希腊城邦,宗教生活与公民生活本来就密不可分。根据雅典法律,对包括这类罪行在内的一大批刑事犯罪,每个公民都有权提出控告(甚至这还是公民的一项职责)。这种规定不但体现了古典城邦强烈的集体主义精神,而且表明了雅典城邦政体的民主性质。这种民主精神,自从公元前 6 世纪的梭伦改革以后,在雅典政治生活中基本上占据主导地位,而在伟大的伯里克利时代,真正被发扬光大,臻于极境了。苏格拉底就生活在这个时代里面。这时代造就了他,又遗弃了他。透过苏格拉底的死,我们可以瞥见那个时代的风貌,那些曾经养育过他,后来又夺去他生命的法律的特质。

论及雅典的民主制,自然要提到行使直接民主的公民大会,提到行使间接民主的议事会。但是此外,我们还应特别提到它的陪审法院。亚里士多德说过:"民主政治使自己成为一切的主人,它通过它在其中掌握着最高权力的公民大会(Assembly)和法院中的选举执掌一切。"这里说的法院正是陪审法院。这是一个很难为现代人理解的概念。因为,雅典的陪审法院并不仅仅是个法院。它不像我们今天熟知的那些法院,只能就比如具体的民、刑案件作出司法上的判决,它的权力要大得多,职能也复杂得多。它实际是控制政府的主要机构。它可以利用不为现代国家所知的各种方式,审查当时政治生活中几乎所有的问题,甚至包括审查"议事会"和"公民大会"通过的法令。它的判决照例总是最终的,没有通过上诉加以改变的可能,因为在理论上,法院以全体人民的名义行事。实际上,它是个像"议事会"那样的民主机构,是雅典公民聚集在一起直接行使其审判权的庞大机构。在伯里克利时代,议事会保持着克里斯提尼改革的旧制,由五百雅典公民组成,而陪审法院的规模则从数百人到千余人不等。通常,民事案件由 201 人或 401 人的陪审法庭处理。刑事案件则视具体情形,由 501 人、1001 人甚或 1501 人的陪审法庭审理。根据雅典法律,凡年满 30 周岁的雅典公民,都有资格充任陪审员。他们每年经各市区提名,由选举产生,人数达六千人之多,然后经抽签分派到各个法庭担任陪审员。(关于评审制度的详情,包括陪审员的产生、指派、法庭组织、审判程序、宣示判决等事项,可以参阅亚里士多德《雅典政制》)显然,如此组织起来的陪审法院不仅是雅典公民行使审判权和接受民主训练的场所,而且还是"为了雅典人民行使控制权这一目的而设想出来的一种手段","是整个民主制度的拱顶石"。([美]萨拜因:《政治学说史》[上],北京:商务印书馆,1986 年,第 30、29页)因为这个缘故,这个有数千人之众的庞大机构,除非遇有节日或者战争,总是长开不闭。而在雅典民主政治达于鼎盛的伯里克利时代,充任陪审员甚至成了一项有报酬的工作。据说在当时,这样一笔收入差不多够一个人维持生计的了。自然,我们不能把这类措施看作雅典人的好讼,而应该把它看成一个佐证,证明陪审法院制度在雅典民主政治中的重要地位:由数百乃至数千民众陪审的审判,乃是雅典政制中不可或缺的部分,实际构成了雅典公民生活中最持久的特色。阿里斯托芬的喜剧《云》里有这样一幕,一个云的访问者在有人指给他看地图上的雅典城时回答说:"我不相信那是雅典,因为我没有看到陪审团在开庭问案。"由这个并非夸张的情节可以想见,陪审法院制度于雅典公民生活的影响是多么之大。事实上,正是这样一些制度,保卫了雅典的民主,造就了伯里克利时代的繁荣昌盛。生活在这个制度下面的人民,享有在当时可能是最充分的自由,而他们在这自由氛围中的游戏与创造,不但树立了令后人仰慕不已的民主楷模,而且向人类贡献出了第一流的雕塑,第一流的建筑,第一流的悲剧,第一流的演说,第一流的思想。自然,这些都是老生常谈,而事情往往还有另外一面。

在民主的雅典,至少在理论上,每个成年公民都有机会在公民大会上发言,参加议事会里的论争和法庭上的抗辩,在公共仪式上发表演说。所有这些活动都激发了他们的爱国心和参政热忱,磨炼了他们的智慧,增强了他们对于事物的敏感。他们探究自然,也关心人事,在思想的自由奔流中,涌现出希腊人的哲学。这种哲学,一面充满了对于宇宙的好奇,一面是对于正义问题的关注,这两方面的结合,产生了后人叫做"自然法"的正义学说。这是希腊人的法律哲学,也是西方历史上最早和最重要的正义论。早在两千年以前,这种法律哲学就曾对罗马法的演进发生了深刻的影响,并且通过罗马法,影响到人类生活的更多领域,甚至波及了人类今天的思维和生活状况。如果追根溯源,我们自然不能否认,希腊人的法律哲学,正像它的自由精神一样,同是民主土壤上生出的果实。但是,如果我们转而审视希腊的法制,考察那与希腊法律哲学生长于同一土壤的雅典法律,我们就会看到最最令人惊异的现象:尽管罗马人在制定《十二铜表法》时曾派专人赴希腊考察,尽管希腊法中某些契约形式如海上借贷等也曾流传于后世,人们还是面对这样的事实:从 12 世纪到 16 世纪的数百年间,人们耽于对人类"金色童年"的追怀之中,入迷地谈论着古代的诗歌、雕塑、戏剧、哲学和美术,潜心研读得于偶然的《国法大全》。然而,没有人提到希腊法。就是在人们对古代已有相当了解了的今天,我们也只能在冷僻的历史书中看到关于希腊法的描述。那个时代依然令人向往,但它的法律的光辉早已消散。的确,与古希腊发达的艺术、哲学(包括它的法律哲学)相比,希腊法的影响是那么微不足道,几乎是个空白,以至于一位现代研究者很不客气地写道:

> 虽然希腊人有司法制度,却很难说他们有法律制度(就这个词的罗马和现代意义而言)。他们没有制定出法典。他们没有报导推理缜密的判决。他们没有写出富有学理的论著。他们产生了建筑师、哲学家、雕刻家和画家,但却没有职业的法官或法学家。他们在司法上的一个贡献,民众陪审法庭,采取了最易流于任性的形式,而与任何

法律科学根本地不相容。他们将巨资耗费于寺庙(如奥林匹亚的寺庙),而不是像罗马人那样,用在法院建筑上面。
(J. H. Wigmore, *A Panorama of the World's Legal Systems*, pp. 358-359)

　　真是这样,在众多杰出的古希腊人里面,没有一个人是作为法官或法学家为我们所知。在流传至今且为我们熟知的名字里,跟这种人最接近的莫过于雄辩家了。他们在当时的活动,乃是陪审法院制度中不可或缺的部分,而他们为出庭所写的辩护状,不但是极为出色的演说词,而且是后人了解古代希腊法制不可多得的宝贵资料。但是,出色的辩护词毕竟不是"推理缜密的判决"或"富有学理的论著",雄辩家也绝非现代意义上的律师。事实上,他们是一种民主(在这个词的原始意义上)审判制度的产物。他们在法庭上发言,跟在公民大会、议事会里的演说、论辩并无不同。滔滔雄辩,目的都是要打动乃至征服对面众多的听众。而这些听众——陪审员,也不是今天意义上的陪审员,他们不是在一个富有经验的权威法官的指导下就事实问题作出裁决,而是按多数原则独立地决定事实与法律。当他们听完原、被告的控诉和申诉,走到投票箱前去决定被告命运的时候,真是世上最最威严的法官。但这都是怎样一些法官啊。一方面,他们敏锐而智慧,他们出席公民大会,踊跃参与论辩,倾听最杰出的演说,借此磨炼其智慧;他们热心于公共生活,常常在市场上见面,传递各种消息,讨论种种政治问题;他们还时常旁听审判甚或作为陪审员参与其中。另一方面,他们没有受过法学教育,不具备法律素养;作为公民中的一部分,他们大多属于其中最低下和最贫穷的阶级;他们中的许多人甚至不能读书认字。虽然他们出席法庭之际也曾庄严宣誓要严守法律,但不是所有案件都有现成的法律可资援引。此时,他们就要依据法律与正义的一般原则来决断。再者,他们以全体人民的名义行事,设若群情激愤,多数陪审员甚至全体人民都倒向天平的一端,在这不可遏制的激情中表露出来的意志不也如同法律一般?苏格拉底就曾遇到过这样的事情。

那是公元前 406 年对十大将的著名审判。十位海军将领因未能按惯例收回阵亡将士的尸体,受到雅典人民的控诉。原告方为置被告于死地,要求不必个别审判,而由人民一并表决。那天恰好是苏格拉底担任议事会值班主席,他以这一要求不合雅典法律为由拒绝将它提交法庭审议。虽然第二天由另一人担任主席时,原告提议获得通过,十大将终于被处死(参阅[古希腊]柏拉图《苏格拉底的申辩》,严群泽,北京:商务印书馆,1983 年,第 69 页译者注;[古希腊]色诺芬《回忆苏格拉底》,吴永泉译,北京:商务印书馆,1984 年,第 5 页译者注),苏格拉底还是因为他严守法律而遭人忌恨。据说在这件事上,他获罪于民主派,以致他后来受到审判并被处死。这个说法有几分真实。至少,他不是死在僭主们手里,而是死在雅典的民众手中。雅典人通过真正的民主程序杀死了他。苏格拉底非常清楚危险之所在。他在他著名的申辩中把控告者们分为两类:一类是站出来控告他的那几个人;一类则是站在那几个人后面,从小就对他抱有偏见的民众。这些人受舆论影响而生出偏见，生出的偏见又变成舆论去影响他人和社会。在民主的雅典，他们是最有势力的人。苏格拉底坦白说：

> 在你们以前，积年累岁，已有许多对我的原告，说些毫无事实根据的假话。安匿托士等固然可怕，这批人更可怕，我怕他们过于安匿托士等。（[古希腊]柏拉图：《苏格拉底的申辩》，第52页）

苏格拉底要洗清自己，必须获得这些人的信任。同样，一个雄辩家要想成功，就要设法打动这些易动感情的法官。此时，仅仅了解法律是不够的，还要有动人的言词，富于鼓动性的演说，有时，甚至要有震撼人心的表演。大约在公元前340年有过这样一场审判。被告弗莱恩（Phryne），一个有名的放荡女子，被控以慢神之罪。为她辩护的是著名雄辩家海泼莱德（Hyperides），他是十大演说家之一的狄摩西尼（Demosthenes）的高足，他的有些演说，据说超过了老师。审判在进行，眼看陪审团就要作出有罪裁决，海泼莱德突然把被告拖至庭前，在众目睽睽之下，撕去她的束腰外衣，把她的胸膛暴露在外，并以激越的言词去激发陪审员们的怜悯心。弗莱恩终于获释，但也因此引出一项法律，规定此后不得在审判时将被告置于庭前。

苏格拉底受审是在公元前399年，那时，这种风气还很盛。只是，苏格拉底不屑于使用这种手段来保护自己。这也是他干犯众怒,招来杀身之祸的一个原因。

按照当时雅典的法律,对有一类刑事案件须适用既定的法律,对另外的一类,由陪审团自由决定刑罚。苏格拉底被控的罪属于后一类。这就是说,怎样处断苏格拉底并无严格的法律规定,而有很大的随意性和偶然性,因此,辩护的好坏就是十分重要的了。苏格拉底的口才天下闻名,自然无须找辩护师。他之所以被判有罪,绝不是因为辩词不够出色,而是因为他不肯离开自己的立场,向众人作丝毫的让步。他不但自知如此,还要向陪审员们表明这一点。他说道:

> 或者你们之中有人会恼羞成怒,回忆自己以往为了一场小官司,涕泪满脸哀求审判官,还带了儿女和许多亲友来乞情;而我不做这种事,虽然明知自己到了极大危险的地步。也许有人怀此恼羞成怒之感,向我发泄,带怒气对我投一票。([古希腊]柏拉图:《苏格拉底的申辩》,第72页)

这段话讲完后投票开始,结果是281票对220票宣告有罪。不过直到这时,苏格拉底还有足够的机会免受死刑宣判。他可以自己提出一种大家都能接受的处罚。(按法定程序,审判通常分作四个阶段:①原告提出控诉,被告申辩;②陪审团就被告有罪与否作出裁决。如果裁决有罪,则③原告提出他主张的刑罚,被告选择可以接受的刑罚,分别说明理由;④陪审团再次投票,多数人的意见便成最终判决)但是,苏格拉底只勉强认罚30

命那。这太轻了,不但是对原告的蔑视(原告主张死刑),而且是对法庭的嘲弄。他的态度激怒了陪审员,结果有更多的人投票,赞成判他死刑。判决宣布后,苏格拉底再次发言,说明了人们定要他死的原因:

> 我所缺的不是辞令,缺的是厚颜无耻和不肯说你们最爱听的话。你们或许喜欢我哭哭啼啼,说许多可怜话,做许多可怜状,我所认为不值得我说我做、而在他人却是你们所惯闻、习见的。([古希腊]柏拉图:《苏格拉底的申辩》,第77页)

希腊式的民主审判,恐怕只能是如此。

威格莫尔指出,陪审法院的这种随意性削弱了社会对既有法律的尊重,不可避免地阻碍了真正和持久的法律制度的发展。他列举了希腊法无以传世的三点原因:(1)缺乏职业的法官团体;(2)陪审团规模大体与立法团体一样;(3)缺少另一独立团体,维护既定法律,对陪审团或立法者予以钳制。(见前引Wigmore书,第313页)我们或许还可以找出更多的原因,但是最终,恐怕还是要回到雅典政制中去寻找根本的解答。

人们常常认为,古代社会是简单社会,这当然有一定道理。但是在另一种意义上,又可以说它们也像现代社会一样复杂。它们要健康发展,要达到社会内部发展的微妙的和谐,也会产生同样复杂的要求。几乎没有什么社会可以同时满足所有这些要求,因此,任何一种文明都有它自己的缺陷。在最最辉煌的成就后面,往往留下了无可挽回的"败绩",就好像某个器官的过分发达,抑制了其他某些器官的正常发育,终于使它们变得萎缩和畸形了。每一种古代文明,都可以提供不止一个例子,希腊法的悲剧即是其中之一。

生活在民主制下的雅典公民,常常会为一些崇高的念头所激励。他们关心城邦,犹如爱护自己的身体;他们参加各种公共生活,从中学会治理的艺术;他们追求真理与智慧,创造了不朽的哲学。即使是在法律方面,他们也实现了他们在那种情形下可能达到的正义,且不说他们还贡献出那么卓绝的正义哲学。我们当然不能因为他们的法律不能为后人借鉴而苛求于他们。然而,希腊法的悲剧到底发生了。如果要对这个问题作一个合理的解释,我们就会发现,希腊法由一种生命力勃发的制度终而变成为博物馆中的古董,引发这一过程的,正好就是使希腊文明大放异彩的同一个原因。

一种早期法律要想具有更为持久的生命力,需要满足许多方面的条件,而其中最根本的,是要脱离其他社会规范,获得某种独立地位,具有自己的独特形式。这在某种意义上,是要取得价值中立,这样一个过程,便是它的形式合理化。罗马法因此而传世,其他许多古代法制却因为不能满足这个条件,终于失去了活力。希腊法便是如此。

梅因认为,法律以及由法律结合在一起的社会,在其早期很容易遭受两种特殊危险,一种是原始法律的僵硬性,这种僵硬性会把大多数人在生活和行为上的见解束缚住;另一种是,法律可能发展得太快，以致失去它稳定的存在形式。希腊法显然属于后一种。

在西方法律史上，希腊法是我们所见最早的世俗法律制度，而且，它很早就摆脱了附在它身上的种种形式主义特征，变成一种灵活和富有弹性的制度。不幸的是，它始终没能与政治保持相当的距离。在民主的雅典，它成为捍卫民主最有力的武器，但同时也是公众舆论的工具。规模庞大的陪审法院乃是雅典民主的表征，也是它最坚固的堡垒。它确实很好地保卫了民主，但是牺牲了法律。固然，大多数陪审员都不乏政治热情和正义感，但他们完全不懂法律；雄辩家们虽然懂得法律，但他们要迎合听众，因为是这些人在判定事实真伪，决定法律的适用和被告的命运，而他们事实上主要不是需要法律，他们需要动人的言词、雄辩的演说，需要能打动他们的一切，眼泪、哀求、壮烈的场面、感人的景象。无疑，他们中的大多数是凭良心办事的，但他们所依循的正义原则，往往只是他们的个人好恶，是一些不知什么时候养成的偏见。他们不是把苏格拉底看成一个行骗的智者吗？他们不是因为苏格拉底不肯如他们想的那样行事而定了他死罪吗？在各种各样的动机里面，有些迹近荒唐。普鲁塔克曾记述过这样一件事：亚里斯泰迪兹与泰米斯托克利斯在海军政策问题上意见分歧，双方争执不下。于是雅典人动用了他们的民主武器：陶片流放制。这是克里斯提尼的伟大创造，目的是去除可能威胁到民主制度的权威人物，这时被用来解决政治纠纷。据普鲁塔克所述，投票进行之际，亚里斯泰迪兹在街上遇到一个不相识的近郊农民,此人因不惯于写字,便招呼亚氏,请他在陶片上写下亚里斯泰迪兹的名字。

"但为什么?"亚里斯泰迪兹问道,"亚里斯泰迪兹伤害过你吗?"

"没有,"这位公民回答,"没有。我从来没有见过他。只是,嘎! 老听人把他叫做公正的亚里斯泰迪兹,我实在烦透了。"

亚里斯泰迪兹于是不再多说,就按这个人的意愿写了。(转引自[英]赫·乔·维尔斯《世界史纲》,吴文藻等译,北京:人民出版社,1982 年,第 316 页)

这也是一场审判,只是把法官的范围扩大到全体成年公民,让他们选择,究竟把流放 10 年的惩罚加到哪一个人身上。而在这里,决定了"公正的亚里斯泰迪兹"命运的念头不是很荒唐吗? 的确,古希腊人中间没有现代人熟知的那种训练有素的法律专家,因为他们原本不需要这种人;他们到底没有能创造出像罗马法一般富有生命力的法律,也同样是因为,他们不需要这样的法律。古代社会粗糙的民主制的发达,抑制了科学的法律制度的成长。

古希腊人似乎注定只是一个艺术和哲学的民族,在务实方面,他们远逊于古罗马人。正好比他们对知识只愿作一种贵族式的探究,他们在法律方面,更多偏爱抽象的正义。这固然使

他们的法律免于僵化的危险,但在另一方面,也阻碍了一种持久的法律学制度的建立。关于这一点,梅因的总结是精辟的:

> 一个社会对于某些特殊案件,为了要得到一个理想的完美的判决,就毫不迟疑的把阻碍着完美判决的成文法律规定变通一下,如果这个社会确有任何司法原则可以传诸后世,那它所能传下来的司法原则只可能仅仅是包括着当时正在流行的是非观念。这种法律学就不能具有为后世比较进步的概念所能适合的骨架。充其量,它只是在带有缺点的文明之下成长起来的一种哲学而已。([英]梅因《古代法》,第43—44页)

苏格拉底死了。他是被雅典的法律杀死的。但是今天,如果我们想要了解公元前4世纪前后希腊法的状况,却要到有关苏格拉底事迹的记载中去寻找,这不是很耐人寻味吗?

中古神学的理性之光与西方法律传统 *

——《阿奎那政治著作选》读后

　　西方文明常被人说成是基督教文明,这可以看作对西方历史上基督教重要作用的一种确认。当然,在事实的确认后面,评价可以不尽相同,甚至可以大异其趣。某些历史学家如汤因比,以宏篇巨帙讨论人类文明的命运,最后竟回到上帝,寄希望于大一统的宗教。而我们时常听到、读到的,又总使人把基督教与宗教裁判所、火刑、扼杀真理、摧残人性等种种"中世纪的黑暗"联系到一起。也许,这些都是事实,但肯定不是全部事实。

　　1983 年,哈佛大学出版了一本新书,书名是《法律与革命:西方法律传统的形成》。有趣的是,这本书开篇所讲的,既不是古希腊的哲学,也不是古罗马的私法,而是 11 世纪的教会改革。

* 原载《读书》1987 年第 1 期。

在它列举的一大批对西方法律传统作出贡献的人当中,有不少是教会法学家,甚至还包括几位著名的教皇。对这种写法,西方法律史,尤其是教会法的研究者大概都会欣然首肯,因为这里所讲的都是基本的史实。从这里出发,我们或许会注意到另一些更基本的事实:在罗马城惨遭劫掠,古代文明玉石俱焚以后的几百年里,造成普遍黑暗的并非基督教,相反,正是那些笃信基督的修士们,在黑暗时代,"保持了学问的灯光长明不熄"([美]G. F. 穆尔:《基督教简史》,郭舜平译,北京:商务印书馆,1981年,第116页)。作为古代文明最后和唯一的见证人,基督教不能不承担起保存和传递文明火种的使命。一代又一代的神学家,吸吮着古代文明的乳汁成长起来。他们精通拉丁文,有精湛的罗马法知识,并且刻苦不懈地研习古代哲学。终于,他们按照罗马帝国的建制建立了教阶组织;仿效《国法大全》编订了同样出色的《教会法大全》;发挥天才的创造力,融古代宗教和希腊哲学于一炉,成就了基督教神学的宏大体系。这就是西方的基督教。

评价西方历史上的基督教,是个值得认真去做的大题目。但在这里,即便只谈作为基督教之部分的教会法,也难免流于泛泛,莫如讨论些具体而微的小问题:某个人,某种思想,也许更为实在一些。基于此,我选定了13世纪的经院主义哲学大师圣托马斯·阿奎那,更具体些,考察他的法律思想。问题再具体不过了,但不可忘记大前提:基督教的传统,根本上只是西方文化传统的一个部分;它对于西方文明的影响,其实只是参与了西方文化传统的创造。当我们转而审视那位 13 世纪圣哲的思虑时,这是一个很好的出发点。

古代希腊、罗马人以其无与伦比的天才和智慧,创造了令人惊异的古代西方文明。这种创造,虽然不能完全归之于审慎的行为,毕竟贯穿着理性的自由活动。公元 5 世纪以后,战乱频仍,劫掠的大火把一座座繁华的城市烧成废墟。古代文明的光辉日见消散,最后,终于为中古的黑暗所吞没。此后数百年间,到处可以见到愚昧、残暴、专横、以强凌弱、决斗和神判法(Ordeal,欧洲 13 世纪以前流行的裁判方法,指包括对当事人施以水、火考验的各种诉之于神的断案方法)。直到 11 世纪以后,随着秩序的重建、城市和商业的复苏,新的理性生活方始恢复。当时,这种对于理性的热忱不但见于对古代法律的研习方面,更表现在神学的研究方法中,即在启示和教会的权威之外,引入"辩证法",运用纯粹的逻辑推理来证明神学问题。于是,启示的真理之外,又出现理性的真理。在一些经院哲学家看来,两者并不矛盾,凡是理性能够证明的,都与基督教信仰一致,反过来,启示的真理也绝不会与理性相悖谬。这一点正是阿奎那坚持的看法。虽然阿奎那并不认为,仅凭理性可以证实所有的信仰问题,但他确实为理性留下一个相当广阔的领域。至少,在论及他的政治、法律思想时,我们不必求之于启示。

阿奎那从两个方面为法下了定义。首先,法"是借以调节人类行动的理性的某种命令"(《阿奎那政治著作选》,马清槐译,北京:商务印书馆,1982 年第 124 页。重点号为引者所加,下同。以下援引该书只注页码)。论证如下:"法是人们赖以导致某些行动和不作其他一些行动的行动准则或尺度。"而"人类行动的准则和尺度是理性,因为理性是人类行动的第一原理"(第104页)。这个定义着重讲法的性质。另一个定义则着眼于法的内容:法"不外乎是对于种种有关公共幸福的事项的合理安排,由任何负有管理社会之责的人予以公布"(第106页)。这个说法完全以亚里士多德为根据,亚氏曾言:"任何力量,只要它能通过共同的政治行动以促进和维护社会福利,我们就说它是合法的和合乎正义的。"([古希腊]亚里士多德:《伦理学》,转引自上引书,第105页)

　　上面两种定义虽然不离人类的法律,却也可以代表阿奎那对法的一般看法。因为,对于理性的强调,乃是阿奎那法律观中最为突出的表征。

　　在阿奎那的神学体系当中,法律被分为四类:永恒法、自然法、人法和神法。每一种较低的法律都渊源于一个更高价值,而所有的法律最后又都被归因于上帝的理性。阿奎那写道:"法律不外乎是由那统治一个完整社会的'君王所体现的'实践理性的某项命令。"而"宇宙的整个社会就是由神的理性支配的。所以上帝对于创造物的合理领导,就像宇宙的君王那样具有法律的性质……这种法律我们称之为永恒法"(第106页)。宇宙间万事万物无不受永恒法支配。然而,理性动物却以一种特殊的方式受神意的支配。既然人可以控制自己的行动(当然是通过理性),并且支配其他动物,那就等于在一定程度上参与了神意。"这种理性动物之参与永恒法,就叫做自然法。"(第107

页)这里,自然法正好表明了上帝与人的某种关系。"我们赖以辨别善恶的自然理性之光,即自然法,不外乎是神的荣光在我们身上留下的痕迹。所以,显然可以看出,自然法不外乎是永恒法对理性动物的关系。"(第107页)从这里出发,再把自然法的箴规应用于个别的和具体的情况,"这种靠推理的力量得出的特殊的安排就叫做人法"(第107页),这就是人类法律的缘起。

在从永恒法到人法的序列中,我们可以看到一条贯穿始终的线索:理性。法既然只是"理性的某种命令",相对于永恒法、自然法和人法,就有神的理性、自然理性和人的理性,在这个意义上,法与理性实际是一回事,并且具有同样的归属关系。阿奎那肯定地说:"一切法律只要与真正的理性相一致,就总是从永恒法产生的。"(第111页)如果我们注意到圣托马斯在讨论这类问题时所持的理性立场,他这种强调理性的倾向是不难理解的。问题是,他反复申说的理性究竟是什么,引入理性的概念对他的法律学说有什么意义,放在一个更大的背景下看又意味着什么? 这些,恐怕是人们更关心的。

理性的概念可以从两个方面来理解,首先是其性质,其次是其内容。前一方面讲形式特征,是绝对的、不变的;后一方面谈时代内涵,是相对的、易变的。时常听人指责阿奎那的"理性",斥之为阶级偏见,其实只论及"理性"的后一方面。而说某个历史人物的思想未能脱出某种局限性,也不过是在重复着尽人皆知的常理:人不可能超越历史。然而,正因如此,我们才更应由特定的时代去把握历史人物。这里,我们所注意的,更多是"理性"概念的前一方面,即其本身所具之特性。

　　虽然阿奎那本人未就"理性"给我们一个完整的定义,但在他所处的时代,理性作为一种达到真理的方法,首先是与启示和权威相对的。这个意义上的理性,毋宁是一种方法,一种"理性动物"特有的能力。阿奎那写道:"力求按理性行事乃是人所特有的。……理性是从一般原理出发以达到琐细的事项的。"(第112页)这里,虽然有思辨理性(关乎必然关系)和实践理性(只涉及人类行为的偶然性)的各种差异,但"就理性的一般原理而论,不论那是思辨理性还是实践理性,对于每一个人来说都存在着一个真理或正义的标准,并且这是同样为人人所熟悉的"(第113页)。正因为如此,自然理性是可以把握的,上帝的法律也是可以理解的。圣托马斯在法律问题上坚持理性的立场,结果必然如此。

　　这样,"合于理性"的说法实际具有双重的含义。在内容方面,我们所见的理性其实只是某个时代的正义观念,有些已经变得完全过时了。尽管如此,我们还是应该注意到,在圣托马斯那里,理性的原则常常只是一些极为抽象的箴规,近似人类天性的描述。比如,保全生命的原则、种族延续的倾向、向善的倾向,等等。这种特点多半由"理性"本身具有的抽象性质所决定。理性,就其本性而言,必须是普遍的,是每一个有理性的人都可以理解的。唯其是普遍的,它才可能成为人人都拥戴的准则,也正因为它可以通过理性的方式得出,它才成为普遍的真理。阿奎那在叙述其法律观时,更多是在这种意义上使用理性一词的。特别是在言及法律与意志的关系时,他出色地发挥了自己的理性观。

法律乃是意志的体现。这种说法不但古已有之,今天在有些地方也还很流行。然而法律仅仅只是意志的体现吗? 对圣托马斯来说,这首先是个有争议的神学问题:上帝究竟是以其绝对意志还是以理性支配着宇宙。从圣保罗到与阿奎那同时的弗兰西斯教团哲学家如邓斯·司各脱,都强调上帝的意志及其独特性。在他们看来,理性并不重要,它至多也不过是从属性的。没有信仰的理性不能够证实任何真理。实际上,对于源于意志的东西,理性当然无从知晓。而在圣托马斯那里,理性占有崇高得多的位置。我们已经看到,上帝用以支配宇宙的,不是别的,正是理性。但是意志呢? 难道上帝支配宇宙的法律(永恒法)竟可以脱离意志而存在? 当然不是这样。问题不在于从法律中剔除意志,而在于如何说明意志与理性的关系。且看圣托马斯的回答:"如果意志要想具有法的权能,它就必须在理性发号施令时受理性的节制。正是在这个意义上,我们应该理解所谓君主的意志具有法的力量这句话的真实涵义。在其他意义上,君主的意志成为一种祸害而不是法。"(第 105 页)这样,"君主意志便是法律"这句罗马法的格言便具有了新的含义。法确实是意志的体现,但不仅仅是意志的体现,它同时还受着理性的节制。所以确切地说,法只是合理意志的体现。正如阿奎那自己所说:"一切法律都是从立法者的理性和意志中产生的:神法和自然法从上帝的合理意志中产生,人法则从受理性支配的人的意志中产生。"（第 126 页）在这种理性的普遍光照之下，最高主权者，无论是君主还是某个公共权力，也毫无例外地要受法律支配。不过在这里，圣托马斯特别将法律的拘束力与支配力加以区分。因为事实上，一个制定和发布法律的最高权威不能受法律的拘束，因为无人能够审判它。但是，就法律的支配力而言："按照上帝的判断，一个君王不能不受法律的指导力量的约束，应当自愿地、毫不勉强地满足法律的要求。"（第 123 页）就如《教皇教令》中所说的："无论何人，如为他人制定法律，应将同一法律应用于自己身上。……你应当使自己受你所颁布的同一法律的支配。"人们由这一训诫看到的，正是普遍性，或说理性的普遍性。

　　理性的普遍性，还表现在它沟通了上帝与人这件事上面。人通过理性可以认识上帝，但是他所认知的，与其说是上帝的意志，莫如说是其理性。这个差别当然不能再以阿奎那的立场来说明，而必须在理性与意志的自身对立中寻找原因。单纯的意志，就其本性而言，是专断的、任性的，因而总是独特的、难以把握的。这一点恰与理性的性质相反。理性永远是普遍的，自然法乃至永恒法之所以能够为人所认识、理解，不正因为它们是合于理性的吗？假如上帝仅凭它的一己意志统治宇宙，那岂非成了让人无法捉摸的宇宙暴君？虽然这可能不是圣托马斯没有念出的潜台词，但是事实上，历史经验一再表明，一味强调法律中的意志因素，往往导致暴戾恣睢、任意施为的专制统治，甚至干脆就是暴政的标志。这显然与意志本身具有的特质有关。而圣托马斯之所以要在意志之上设定一个理性,使之有所"节制",不也正是着眼于普遍性与任性之间的差异吗?阿奎那据此作出的区分,以及他关于理性和意志相互关系的看法,实际包含着某些极为重要和深刻的思想。

首先,普遍性既然是理性自身的规定性,合于理性的则必然是普遍的,而所谓合乎理性的意志或说受理性节制的意志,实际就是"普遍性的意志"。换言之,任何一个意志,"要想具有法的权能",就绝对不能是专断的和任性的,它必须具有普遍性。其次,理性所具有之普遍性乃是基于这样的假定:凡是合乎理性的,必然可以为所有具备理性的人所理解和接受,由于这个缘故,作为"理性命令"或是"合理意志"的法律,即便至高至上如永恒法,最终还是可以被认知的。而且,这种认识既不依靠权威,也与启示无关,它来自理性,可以通过逻辑的证明独立地得出。最后,关于理性,除了它的某些规定性如普遍性,我们所知无多,但有一点可以肯定,要知道什么是合乎理性的,就必须充分运用个人的理性。这是与启示和权威相对的那种思辨能力,这种能力,就其本性来说,是独立的、自由的和具有批判倾向的。与理性的这种特质相比,什么是合理的一类问题反而变得无关紧要了。在这个问题上,每个时代都有自己的看法。理性的概念永远是抽象的,不过,只要它还不曾失去上述特征,它就永远都可能是具体的。在这个意义上,我们可以把理性看成一种面向未来的开放概念,一个本质上革命的概念。

得出上面的结论绝非夸大其辞,更不是故作惊人之语。把法律说成是"理性的命令",或者"合理意志"的体现,尽可以是真实的概念,却未必是真实的现实。对现实来说,法律之合于理性,首先是个应然的问题。实际上,当圣托马斯把法律安排在一个价值序列里面的时候,肯定之中便蕴含着否定。阿奎那不是说过,在不受理性节制的情况下,"君主的意志成为一种祸害而不是法"吗? 这里,理性不仅被看成法的核心构成,而且具有某种价值意蕴,可据以判断"真正的法律"和徒具法之外貌的"非正义的法律"。换言之,合乎理性便是合乎正义,否则即为非正义。阿奎那决绝地写道:"只要人法按照真正的理性办理,它便具有法的性质,……只要它违背理性,它就被称为非正义的法律,并且不是具有法的性质而是具有暴力的性质。"(第111页)"暴戾的法律既然不以健全的论断为依据,严格地和真正地说来就根本不是法律,而宁可说是法律的一种滥用。"(第110页)

　　为了维护概念的纯洁性,把某种"法律"说成是非正义的,甚至根本不承认那是法律,这在理论上是容易做到的,但是,要确定人们对这种"非法之法"应取的态度,实际上却困难异常。在这个问题上,阿奎那的学说充满了两重性。一方面,"没有权柄不是出于神的"(《罗马人书》第十三章第一节),现实的无不具有合理性(尽管程度可以不同)。而且,从上述法的第二种定义考虑,即便是暴戾的法律,"只要它考虑到公民的福利,它就具有法律的性质"(第110页)。但是,另一方面,违背基本价值原则的东西,理论上已在被否弃之列。所以,同一位阿奎那在另一处又说:"暴政的目的不在于谋求公共福利,而在于获得统治者的私人利益,所以它是非正义的。……因此,推翻这种政治,严格说来并不是叛乱。"(第136页)至少,当一个君主命令人们做出"不法行为"的时候,他的臣民没有必要服从他。这种不服从的权利显然来自某些更高的价值,如理性或自然法。君主的意志或人类法律不也是因为这些更高的价值才获得其合法性吗?

对上面这种二重性,我们可以提供一个历史的诠释。

创立于13世纪的经院神学体系,实际只是现存秩序理论上的完整表述。所以,它一方面确立了亚里士多德在神学中的崇高地位,肯定了世俗权力的价值;另一方面,又在这个价值之上设立了更高的价值,为世俗权力划定了界限。我们不要忘记,中世纪史的最显著特征乃是它的二元性。"有僧侣与世俗人的二元对立,拉丁与条顿的二元对立,天国与地上王国的二元对立,灵魂与肉体的二元对立等等。所有这一切都可以在教皇与皇帝的二元对立中表现出来。"([英]罗素:《西方哲学史》[上],何兆武、李约瑟译,北京:商务印书馆,1977年,第377页)把法律分为人法与神法,同样是这种二元对立的表现。不过,在13世纪的欧洲,圣托马斯关于教权与王权的理论,确实比以前和同时的其他许多看法更温和、更"超然",更多应予肯定的东西。比如,他认为,天恩并不取消本性,而只会使它更为完善。于是,亚里士多德的政治学就被全面引入到神学中来,成为阿奎那言必引证的权威。与视地上王国为罪恶产物的圣奥古斯丁,或当时那些狂热的教皇至上论者相比,阿奎那的主张显然是个进步。当然,他也无意改变某些最基本的神学信条。为世俗生活设定一个神圣的目的,在人法之上放置一个神法,都属此类。这样做的结果,就是为世俗权力界定范围,包括基督徒不服从甚至反抗某个"不法权力"的权利。这就是为什么,教会常常被人看成阻碍君主专横意志的一支重要力量。在圣托马斯的理性法律观里,我们不是清楚地看到了这一点吗?

理论的性格源自历史,但不会是历史的简单反映。如果说在圣托马斯注定是保守的神学体系里面,确实有着革命性因素,那么,除现实的历史原因之外,很大程度上是因为阿奎那所采用的理论模式本身。这个理论模式既非始于阿奎那,也不会终于阿奎那,它是西方世界的一宗共同遗产。阿奎那只是接受了这宗遗产,加以利用以后再传于后人。这宗遗产就是自然法的学说。

自然法的观念源于古代希腊,以后,通过公元前3世纪的斯多噶学派流传于罗马,曾对罗马人的法律观以及罗马法的发展产生深远影响。关于这段历史,本文无暇细说,应该注意的,是表现于斯多噶哲学的成熟的自然法学说。这种哲学假定,有一个普遍合理的法则支配着宇宙,此即自然法或自然理性。人既然是理性的动物,就能够识别这些法则,并且在制定人类法律时尽可能地接近这种绝对和普遍的理性。这种哲学,实际是要把理性奉为建立人类社会正义的准则,正可以看作希腊理性主义的结晶。罗马人继受了这种理性主义的传统,并把它贯彻到法律实践中去,因而以独特的方式发展了它。由查士丁尼皇帝钦定出版的《法学阶梯》写道:"受法律和习惯统治的一切国家,部分是受其固有的特定法律支配,部分是受全人类共有的法律支配。一个民族所制定的法律,称为该民族的'民事法律',但是,由自然理性指定给全人类的法律,则称为'国际法',因为所有的国家都采用它。"(《法学总论》,张企泰译,北京:商务印书馆,1989年,第6—7页)这里,体现了自然理性的"国际法"或说"万民法,正是自然法"(也有一派不同意将万民法等同于自然法,如乌尔比安等)。圣托马斯几乎是原封不动地接受了古代的自然法学说,包括万民法与市民法的划分(这里,万民法并非自然法,而是由自然法直接得出的结论)。只不过,在自然法、自然理性之上,他又加上一个更高的价值:永恒法或神的理性。

这是一个吸收、融合和相互改造的过程。一方面,是按照自然法的模式改造神学,并使之理性化;另一方面是将古代朴素的自然法学说涂抹上一层神学的色彩,使之成为中世纪神学体系的有机组成部分。此时,我们所见的,是以中古方式改造和发展了的古代传统。

四百年以后,经过神学改造的自然法再一次受到理性主义的改造。16世纪以后的理性主义直接受近代科学的影响,具有强烈的自然科学色彩,因而更为彻底。近代理性主义者如笛卡尔、斯宾诺莎等,对于以理性推论出政治、道德和法律的普遍原则或公理的可能性坚信不移。尤其是斯宾诺莎,他在自己的哲学里运用几何学的证明方法,试图建立一个精确的伦理体系,用自然科学的语言来描述自然法的规则。透过这种极端的做法,不难感受到那个时代的潮流。受此洗礼的自然法,神学的色彩渐渐褪去,旧的时代特征也已荡然无存,只有理论的基本模式,仍然保存依旧。古典自然法的奠基人格老秀斯写道:"自然法是正确理性的意旨,表明与理性一致的行为的高度道义性和与理性不一致的行为的缺乏道义性,显示这种行为或是遵照自然创造主——神的意旨,或是为神所不允许。"这里虽然一再提到神,但已完全没有了旧日的含义。对于近代的自然法论者来说,上帝的概念并非实体,它不过是某种较高价值如理性的代名词罢了。他们真正关心的,是人的理性,是表达了他们内心理想与追求的自然法。从历史上看,古典自然法论者的政治主张并不相同,但在坚持理性立场,认为实在法应当服从自然法这一点上,却是一样的。换句话说,把他们归入同一个历史派别的,与其说是共同的思想倾向,不如说是同一种理论模式。而这种理论模式,正是通过中世纪的神学才保存下来的。

　　与古典自然法同时,并且在它之外,法律受理性支配的学说还通过另一途径获得发展。比如,在伊曼纽尔·康德的法哲学中,自主的人类理性据有至高无上的地位,乃是立法上绝对的和普遍的依据。这种唯理论的传统经由费希特等人一直传续至今,在施塔姆勒的法理学和约翰·罗尔斯的正义理论中依然可见。

　　也许,无论格老秀斯还是康德都不认为他们的学说与阿奎那的神学体系有什么关系,而且事实上,圣托马斯的理性立场也确实与近代唯理论者的理性观颇有差距。但是,这些确实都是毫无关联的吗? 宗教的理性观果然毫无价值吗? 难道古代自然法观念不正是因为宗教上的原因才得以保存和加强，古代最杰出的思想家连同其理性观不正是首先在圣托马斯那里获得了新生吗？如果我们注意到 11 世纪前后理性生活获得恢复，注意到与阿奎那同时的各式各样的唯意志论和神秘主义派别，以及 13 世纪以后世界历史的发展，我们的结论可能会更公允些。

　　作为中古经院哲学的集大成者，托马斯·阿奎那的神学体系有着多重思想渊源。其中不但有《圣经》的传统，有早期教父圣奥古斯丁的教义、格雷丁的《教令集》，而且融合了柏拉图、亚里士多德、斯多噶派、西塞罗和其他古代思想家的学说，这里所谈的，仅涉及其中的一个小小侧面。只以这些去评价一个历史人物，甚至一个世界性的宗教，显然是不够的。其实，本文的主要目的不是去评判圣托马斯或基督教的是非功过，我们只是把它们当作一些历史的中介来看待，在传统的生成与转化过程中，这些中介有着不可忽视和不容取代的作用。阿奎那写道："法律是否有效，取决于它的正义性。但在人类事务中，当一件事情能够正确地符合理性的法则时，它才可以说是合乎正义的；并且，像我们所已经知道的那样，理性的第一个法则就是自然法。由此可见，一切由人所制定的法律只要来自自然法，就都和理性相一致。如果一种人法在任何一点与自然法相矛盾，它就不再是合法的，而宁可说是法律的一种污损了。"（第 116 页）这是一个斯多噶信徒久已熟知的理论，也是一个近代自然法论者乐于接受的主张。构成他们共同兴趣的，当然不是各不相同的时代内容，而是超乎时代的理论模式。正是在这里，我们看到了传统：一个决定了西方基督教的传统，同时也是被基督教发展了的传统。这并不奇怪，因为，基督教的传统，最终只能在传统的基督教中得到说明。

自然法今昔：法律中的价值追求[*]

《论法的精神》开篇这样写道：

> 从最广泛的意义来说，法是由事物的性质产生出来的必然关系。（[法]孟德斯鸠：《论法的精神》[上]，北京：商务印书馆，1982年，第1页。文中重点号为引者所加）

这是一个自然法的定义。这样说有两层意思。第一，可以这样来界定自然法。孟德斯鸠说，自然法"单纯渊源于我们生命的本质"，是人类在组成社会之前接受的规律。[《论法的精神》（上），第4页]第二，把法，首先是自然法，视同规律，正可以看作自然法论者固有的思维特征。

今天看来，在具体的法律之上悬置一个抽象的实体，一个等同于规律的客观法，这种做法似乎有些幼稚可笑。因此，我

* 原载《学习与探索》1988年第2期。

们很难想象,从古希腊的哲学家,一直到近代启蒙学者,两千余年间,这样一种思考方式曾经占据过那么多智慧的心灵,唤起过如此纯洁高尚的理想。也许,我们不应简单地把它看成特定时代的偏见,一种幼稚可笑的怪想。如果我们拉开距离,以一种富于同情的眼光去观察它,或许能够发现,在它那幼稚而又偏执的面貌下面,隐伏着人类心灵热情而大胆的追求,这种追求不会随着一个时代的结束而终止,它将与人类同在。

自然法观念的渊源必须追溯到公元前 6 世纪的希腊社会,理解这个观念本身,则可以从"自然法"的字面意义着手。

"自然"这个词通常被用来指客观的物质世界,这种用法在古代和现代大概是一样的。所不同者,古代的物质世界同时还被看成某种基本元素或单一原则的表现,具有一种优美的单纯性。自然法的观念较为晚出,它显然是从更早的自然观念中衍生出来,因而带有前者的客观性质和单一色彩。然而,人们在提到"自然法"的时候,心中所指的仅仅是一个外在实体或单一的自然法则吗?人必须不断地摄取营养,否则,生命就将终止。这肯定是一条自然法则或规律。但是,当一个斯多噶派信徒宣称,按照自然法,人类生而平等,所以,奴隶制违反自然,应予消灭。此时,他实际上表达了一种价值观,一个他自己赞同的信念。他把这种东西说成是自然的规定,不过是把自己的主观信仰和理想提高到了客观规律的地位。这里所谈的自然法,恰好就是这样一种东西,一种客观化了的价值追求。梅因在他的《古代法》一书中曾扼要地叙述了"自然法"观念的生成和它的内在性质。他写道：

> 后期希腊学派回到了希腊最伟大的知识分子当时迷
> 失的道路上，他们在"自然"的概念中，在物质世界上加上
> 了一个道德世界。他们把这个名词的范围加以扩展，使它
> 不仅包括了有形的宇宙，并且包括了人类的思想、惯例和
> 希望。这里，像以前一样，他们所理解的自然不仅仅是人
> 类的社会的道德现象，而且是那些被认为可以分解为某种
> 一般的和简单的规律的现象。([英]梅因《古代法》，第31页)

自然哲学和道德哲学在这里融会于一。客观规律与主观
理想从两个极端走到一起，彼此深入到对方深处；人类的价值
判断在物质世界中间找到了一种不容置疑的权威性，外在的自
然则在人类灵魂深处发现了自己最真实的生命。从这里，产生
出那个伟大的观念：自然法。

作为一种被宣布为"自然"的价值追求，自然法从一开始就
充满着矛盾。一方面，它是自然法则、客观规律，是无可怀疑的
事实。另一方面，它又确确实实只是特定时代特定人群的信
仰、理想，是变动不居的价值判断。作为自然法则，它是永恒
的、普遍的和单一的；作为价值信念，它又是暂时的、特殊的和
多样的。就是这样一个自相矛盾的观念，它同时提出了是什么
和应当是什么的问题，并且把二者巧妙地糅合在一个概念当
中：价值被宣布为事实，事实实际上只是应该的。正是从这里，

我们可以发现一个更深刻的矛盾:实在法自身的矛盾。关于实在法,无须作更多的解释,这个词本身已经表明了它的性质:它就是那些实际支配着我们的具体规则,是真正的事实。只不过,这些事实是人为的、暂时的。这两点,正是它不同于自然法这类"事实"的地方。作为一个"人为的事实",它是可以选择的,作为一个"暂时的事实",它又必然充满变异。这个事实引出了一系列非事实的问题:何时应该变更现有的法律? 以什么作标准制定和变更法律? 应该制定什么样的法律? 等等。旧事实已经如此,新事实应该怎样? 这便是问题的关键。显然,现实的法律往往不是应然的事实,已然的事实并不总是期待中的法律。否则,为什么要以自然的名义宣布一个期望中的理想? 为什么要把人类的希冀与信仰寄托在一个虚假的事实之上? 这种做法预示着自然法和实在法的对立,从这里产生出最早的二元法观念:一方面是自然的、永恒的和抽象而单一的法则,另一方面是人为的、暂时的和具体纷繁的规范。这种把人类制定的法律同自然法区别开来的传统一直可以追溯到赫拉克利特。后来的智者们也喜欢谈论这种区分。甚至,在一些闭口不谈自然法的哲学家那里,也可以看到同样的思维模式。比如,在柏拉图的哲学里,有理念世界与现象世界、真理与谬误、永恒与短暂的种种对立。虽然柏拉图本人不曾明确提出自然法的观念,但他至少认为,存在着一种永恒不变的正义,可以作为实在法的依据。这乃是希腊思想的一个特征,也是全部自然法学说赖以建立的起点。今人要了解自然法的观念,把握西方法律进化的途径,不能不从这里开始。

把自然法与实在法区分开来甚至对立起来,令前者优于后者,在实际支配着人类的法律之上设置一个庄严的道德目标,使前者追随后者。这确是自然法观念的一项基本特征。然而,我们还应注意到,所谓自然法只是某种单一原则的展现,它只是一个抽象的框架,一个表达主观价值的客观公式。同是借用这个公式,一个古代斯多噶派信徒所表达的信念与一个中古神学家所讲的东西可能相去甚远。此外,在自然法与实在法的关系方面,也并不总是有一致的见解。有人可以认为,实在法正好是反自然的、不合理的,因而发出革命的呼号;也有人可以持相反的见解,从而为现行体制的合理性找到一个"客观"的依据。由于这样两个缘故,自然法观念实际可以与各种政治主张相结合,这一点又使它在欧洲思想史上得以历久而不衰。诚如梅因所言:

> "自然"学说及其法律观点之所以能保持其能力,主要是由于它们能和各种政治及社会倾向联结在一起,在这些倾向中,有一些是由它们促成的,有一些的确是它们创造的,而绝大部分则是由它们提供了说明和形式。([英]梅因《古代法》,第52页)

在欧洲法律史上,由自然法观念促成和创造的东西也许不算多,其重要意义却不可以忽视,如法律中的理性观念,这一点便可以说是决定西方法律性格的少数几个重要因素之一。然而，作为一种"政治及社会倾向"的"说明和形式"，自然法观念也同样值得我们注意。因为表现于其中的，并非只是人类对于自然和理性的崇尚，而且还是人类心灵深处最隐秘的一面，是他们对于某些价值目标的不懈追求。

最早提出的自然法思想并不具有革命的色彩。但是一旦把自然法与实在法区分开来，立即产生了一些重要后果。既然把永恒与神圣赋予了一个自然的存在，人为的法律随即显得黯然失色；而把价值区分为较高的和较低的，自然会使人们于实在法之外寻求正义的依据。如果说，早期智者们把城邦法看成某些特殊利益的体现，或嘲弄，或抨击，主要表明了他们看待实在法的理智态度的话，那么，亚里士多德以后的希腊哲学更多是强调了这种价值归属的意义。当然，在一些具体问题的理解方面，不同时代的哲学往往是不同的。亚里士多德肯定奴隶制是合乎自然的，这是他那个时代流行的哲学偏见；公元前 3 世纪初的斯多噶派信徒则相反，他们相信，凭借自然-理性，人生而平等。在他们憧憬的自然-理性王国中，奴隶制是不存在的。这种信奉人人平等的世界国家的理想，连同全部斯多噶哲学，深深浸入到罗马法之中，并通过罗马法，对西方社会的政治哲学和法律哲学产生了最深远的影响。

罗马人在哲学上是贫乏的，在许多方面，他们只限于重复希腊人的思想。西塞罗说，自然法是永恒的和普遍的，适用于一切国家和一切时代。这里确实没有更多的新思想。不过，仅从这方面去评价罗马人是不公正的。他们确实不是哲学的创造者,但这并不妨碍他们成为杰出的实践者。希腊人创造出一种哲学,罗马人则把它变成行动:一个统一的"世界帝国",一种及于几乎所有帝国臣民的平等的公民权和一种"各民族共有的法律"——万民法。根据古罗马著名法学家盖尤斯的意见,罗马法可分为市民法和万民法两部分,他没有提到自然法,因为在他看来,万民法便等于自然法。一直到查士丁尼皇帝,当时大多数人都相信,万民法渊源于"自然理性"。实际上,这种认识正是自然法观念得以影响罗马法的中介。

万民法的历史确实为我们提供了一个很好的例子,说明自然法观念怎样影响着罗马法的发展。当然,肯定人的某种观念对实践的影响是一回事,剖析这种观念本身的"真实性"又是一回事。既然所谓自然法只是一种客观化了的价值判定,把自然法等同于万民法便只可能是一种价值偏见。与盖尤斯齐名的另一位罗马法学家乌尔比安认为,自然法绝不等于万民法。他的理由是,奴隶制度是违反自然的,它只是万民法上的制度,不可能是自然法的规定。这里,乌尔比安至少道出了一件事实:奴隶制度实际上支配着古代社会。仅凭某种流行的哲学,不可能改变这一事实。作为古代罗马最伟大的法学家之一,乌尔比安不也只好满足于重复斯多噶派的理想吗?哲学家的思想是自由的,法学家的行动却无往不在事实的枷锁之中。重要的是,希腊的哲学家的自然法,在罗马变成为法学家的自然法,这个转变不啻是一场革命。关于这段历史,这里不可能谈得太多,只想提一下罗马法学家实践这种哲学的独特方式。罗马法学家并不讳言"人类自然是平等的"一类命题,在他们看来,这是一条无可置疑的法律公理,是一件单纯的事实。在所有"自然"的领域,他们就是本着这种精神行事的。其结果,是在固有的市民法之外,创造了人类共有的法律——万民法。罗马法学家回避了应该是什么的问题。他们在伪装成事实的法律命题下面偷运了某种价值判断,悄悄地完成了一场伟大的革命。至此,古代自然法结束了它的历程。

中古自然法在神学的面貌下出现。在托马斯·阿奎那的神学体系中,自然法据有一席之地。这当然不再是古希腊哲学家或古罗马法学家的自然法,但它至少保持着自然法观念的一般特征。神学家们所作的,是把它加以神学的改造,把它安排在一个新的价值系列中,使它从属于一个更高的存在:源于神的智慧的永恒法。这种对于自然法的神学改造和发展本身也许并不重要,重要的是,一种卓越的思维模式保存下来了。由于这种模式本身所具有的适应性和潜在批判性,即便是在一个没有了上帝的时代,它也必定能够独立地存在,推动人类历史的进程。这不是预言,是确凿无疑的历史事实。

16世纪以后,欧洲经历了从神到人的巨大转变。从神学束缚中挣脱出来的人开始用"人"的眼光观察自然和社会,从这里,生出一系列新的欲求、新的价值。当这些新事物与旧制度发生冲突乃至不可调和之时,全面的危机便爆发了。这是政治革命的前兆。启蒙思想家出现了,他们的使命是开启民智,把新世界的价值观灌输给民众。

启蒙思想家毫不怀疑自己的梦想,他们用专断的口吻,把自己的理想宣布为真理。他们需要合适的表达方式,于是,神学的自然法又经历了政治观念的改造,它从一个保守的神学概念变成为革命的政治公式。聚集在这个公式下的是一群政治主张不尽相同的人:格老秀斯、霍布斯、洛克、孟德斯鸠、卢梭……他们往往被归于古典自然法学派,不仅是因为他们都相信有一种永恒的和普遍的自然法,它是至高无上的理性命令,是一切实在法的依据,而且还因为,他们都以自然法的名义,宣布了那个时代先进人类的理想。后来,这些理想大多写入最早一批近代国家的宪法。1776 年的美国《独立宣言》写道:

> 我们认为下面这些真理是不言而喻的:人人生而平等,造物者赋予他们若干不可剥夺的权利,其中包括生命权、自由权和追求幸福的权利。([美]亨利·S.康马杰主编:《美国历史文献选集》,北京:美国驻华大使馆新闻文化处,1985 年,第12 页)

13 年后写成的法国《人权宣言》把"人的自然的和不可动摇的权利"规定为"自由、财产、安全和反抗压迫"。不管由理想通往现实的路怎样遥远、艰难,理想的提出本身(何况是以这样的方式提出)就是一个不可抹煞的功绩。至此,自然法完成了它的第二次革命。

　　古典自然法学说在 19 世纪发展到了顶峰,同时也面临一个极大的困境。这次,它遇到的不是被神学化的危险,而是从思考方式上被根本否定的可能。两千年来,那种把价值冒充事实,以主观代替客观,因而混主观价值与客观规律于一的做法曾经非常流行,而且被视为当然,现在所有这些都受到怀疑。早在 1740 年,休谟就在他的《人性论》一书中区分了理性、事实和价值,因而从根本上动摇了自然法的理论根基。此后不久,另一位伟大的哲学家康德进一步把道德概念与法律概念加以区分,认为不能以法律正义强制执行道德正义。这实际上为后人严格划分法律与道德的界限,甚至把价值问题从法律中间清除出去开辟了道路。关于自然法思潮在 19 世纪的式微,还可以从更多的方面来说明。首先,作为一种革命的理论,古典自然法学说已经完成了它的使命。19 世纪需要的是秩序,是对各种突如其来的具体社会问题的有效解决。这种解决需要实证的方法和各种技术性处理,不需要含混、抽象的词句。其次,就认识方法而言,实证主义与自然法先验的和演绎的方法正相反对。而在这方面,对自然法观念提出非难又是最容易的。在奥古斯特·孔德的《实证哲学体系》一书中,自然法这类理想实体的形而上学概念被说成是人类理智的过时之物。这种说法似也不无根据。再次,19 世纪中,进化论的传播改变了人类的思想,变动、进化的观念开始取代永恒、静止的观念。而法律研究中的历史和比较方法获得的成功,更加深了人们对反历史思维的不信任。此外,自然法论者把某些主观设定的东西说成是客观存在,是永恒而普遍的自然律,这种武断说法并不总是与社会进步一致的。杰里米·边沁写道:"所有这些关于自然、天赋人权、自然正义和非正义的话……都是旧的偏执在假借新的名义泄愤:当你不同意我的意见时,虽不再说你是异端,但叫你暴君。"

凡此种种,无不威胁着自然法的生存。

19 世纪下半叶,各种法学思潮迭起。自然法观念的衰微,与当时法律科学的兴盛恰成对照。这似乎预示了一个新时代的到来,在这个时代里,古典自然法确实过时了,不但它所代表的那些理想和价值显得(至少是部分地)不合时宜,就是它把实在法与某种价值目标联系在一起的做法本身也被看成非科学。法律被看成纯事实的领域,不容价值涉足。边沁说,在一个多少算是文明的社会里,个人所能拥有的一切权利,只可能来自法律。按照这种说法,自然权利之说即或不是无稽之谈,也绝不可以在法律中立足。边沁的看法或许不错,但他并没有最终解决问题。如果说,权利必须以法律为转移的话,法律又应该以什么为依据呢? 难道只是统治者的专断意志吗? 而且,难道会有一种完全与价值无关的意志吗? 指出古典自然法思维方式的毛病是一回事,否定他们对于法律中价值问题的关注又是一回事。问题的关键就在于,法律究竟只是无数命令、规则的汇集,还是同时包含着发自人类内心的追求;它究竟只是一堆事实,还是一种充溢着生命的价值。一种失却了价值引导的法律将会是怎样,甚至,是否会有这种法律? 生活在这种"法律"

之下(也许根本不存在这样的法律,但人们可以让自己相信,法律可以不问价值),人们的命运又将如何? 这不仅是一个理论问题,同时还是严峻的历史挑战。

进入 20 世纪,一度声名不佳的自然法重新兴起。1910 年,法国人夏蒙出版了《自然法的复兴》一书,这算是"复兴运动"一个明白无误的宣言书。当时,这个"新自然法"运动影响有限,但也表露出一些重要迹象,比如,新自然法运动从一开始就分成两支:神学的和非神学的(前者即新托马斯主义法学,而狭义上的新自然法只指后者)。这两条支线一直延续到第二次世界大战以后。又比如,新自然法既然是 20 世纪社会生活的产物,它就不可能是古典自然法的简单复归(即便是新托马斯主义法学,也不能不从时代的土壤中汲取养分)。新康德派的代表人物施塔姆勒提出了新的正义观,他认为,"自然法的内容是可变的",这个看法很投合 20 世纪的胃口,因而颇为流行。另一些新自然法论者在其法的定义或解释论中特别注意了法的实证要素,也可以说是受 19 世纪以来其他法学派别影响的结果。这些,在二战以后的新自然法学发展中有更充分的表现。

有人认为,自然法的真正复兴是在二战之后。这种看法并非毫无道理。因为在此之前,自然法思潮大体还属于"潜流",二战以后,它才发展成声势浩大的运动。导致这个变化的原因有很多,其中最直接的,恐怕正是那场世界性的战争。屠杀犹太人、蹂躏人权和其他种种暴行,居然会假法律之名做出。这个无情的事实不但使人重新注意到法律的正义性问题,而且促使人们从"法律就是法律"的实证立场转向对"法律应该怎样"这一问题的探索。曾经担任过魏玛政府司法部长的海德堡大学教授拉德布鲁赫便是如此。他在目睹纳粹分子骇人听闻的罪行之后,得出这样的结论:"在忽视正义的地方,在作为正义核心的平等在成文法条款中不断遭否定的地方,那里的法律就不仅是'不公正的法律',而是完全失去了法律的本性。"他的话可以表明富有责任感的西方知识分子对于纳粹暴行的愤慨之情。不过,这毕竟是在二战以后,同是对法律中价值问题的关注,虽然也是发自人类的良心,比之以往的自然法学说,已采取了更为精细、复杂的形态。这里仅以战后新自然法学代表人物之一、哈佛大学法理学教授富勒的理论来说明。富勒认为,法律与道德是不可分的。但他着重论证的,并非实在法与自然法的一致性(如古典自然法的倡导者那样),而是"真正的法律制度"本身应该遵循的某些原则。根据他的说法,这类原则共有八项:(1)法律须具有普遍性;(2)法律须具有公开性;(3)法律不得溯及既往;(4)法律须明晰且易于掌握;(5)法律不得相互矛盾;(6)法律不得要求不可能之事;(7)法律须有合理之稳定性;(8)颁布之法律与其施行应当一致。(参见 Lon Fuller, *The Morality of Law*, ch. 2, New Haven: Yale University Press, 1982) 这八项原则被看成法律固有的"内在道德"。这些原则中任何一项的欠缺,都必然导致不道德的法律,而按照富勒本人的说法,这种不道德的法律根本不宜称为法律。在一个古典自然法的信徒看来,富勒的这套理论大概是陌生的,因为以往的自然法只要求法律与外在的道德目标一致,实际是讲内容的"合理"(亦即法律的"外在道德"),富勒称之为实体自然法。富勒的自然法注重法律的一般程序,讲法律的形式原则,即其"内在道德"。这个由"实体自然法"向"程序自然法"的转变,表明了人类认识的深化,从中也可看出不同学科和法学各流派之间相互渗透的趋势。这便是现时代的新自然法。把这种东西与传统的自然法理论联系在一起的,恐怕主要不再是共同的理论模式,而是对于法律中价值问题的关注。这种关注,从古希腊思想家那里一直延续至今,成为人们理解西方法律沿革的重要线索。这里面不乏令人深思的东西。

探索人类法律的道德基础或价值目标,即便是以某种"虚假"方式表现出来,也同样值得肯定。有些人把法律视为自在的封闭体系,由分析入手,阐释概念的含义和规范之间的关系;另一些人把法律看成社会现象的一种,以社会学观点研究法律,强调法律的社会目的和效果。此外还有些人,他们把法律与人类某些基本价值联系在一起,致力于探求法律的正义基础。就一般情形而言,第一种人必须是训练有素的法学专家。他们长于分析,熟知法律的各种概念和推理方式。第二种人多半是社会学家和受过社会学训练的法学家。他们擅长于以社会学方法研究法律。最后一类人可以是哲学家,也可以是任何富有责任感的知识分子。他们对法律中价值问题的深切关注,可以在他们心中强烈的正义意识里找到根据。虽然这一类人不一定总是受过良好的法律专业训练,而且,他们有时会采取某种"虚假"的说明形式,但是,在一个称得上文明的社会里,他们的工作像前两类人一样是不可或缺的。如果说,对法律结构的概念分析和社会学研究,主要是把法律变成能够有效运用的社会手段的话,那么,探求法律的价值意义,就是在寻找法律最真实的生命。禁绝这种探求,就是扼杀法律的生命;失却了批判能力的法学家,即便不是暴政的帮凶(如纳粹时期的许多法学家),至少也将沦为僵死法律的殉葬品。我们今天重温自然法的历史(虽然只是一个极其粗略的概述),不能不记住这一深刻的教训。

文明、法律与社会控制[*]

——《通过法律的社会控制　法律的任务》读后

自有人类，就有社会，有秩序，最广意义上的法律也就有了。然而就如法律是什么这样一个再平凡不过的问题，却直到今天也还没有定论。就是那些专攻法律的专家、学者，乍问之下，也未必能给出一个果断的回答，更不用说拿出能自圆其说、甚或让大家都能接受的答案了。有人说，大家都接受的答案原本不会有，因为对这个问题，不同阶级有不同的看法。此说或有些道理，但它是先把阶级性认作了法律的本质，而这个前提却又不是人人都能同意和接受的。所以，如果再拔高一层，我们可以说，大家意见不一致，首先是因为观察问题的立场不同，而这立场绝不只是"阶级的"，还有其他种种，这又不仅是因为论者有着个人、社会和文化方面的差异，还因为法律本身就是

* 原载《读书》1987 年第 7 期。

极复杂的文化现象,可以从许多不同方面去认识。就说上面由文明、社会、秩序来谈法律,也是一种认识的方法,能够反映出法的一个侧面,因此在科学上是有价值的。这里向读者介绍庞德其人其书,也考虑到了这种价值(《通过法律的社会控制 法律的任务》是庞德在 1942 年和 1944 年所作的两次演讲。这两篇演讲篇幅虽然不大,却能够粗略标示出他思想的轮廓)。

罗斯柯·庞德(Roscoe Pound, 1870—1963),年轻时主修植物学,是个相当有成就的植物地理学家。他早早就对法律发生兴趣,多半跟他的家学渊源有关。庞德的父亲是一名法官,也是他在法学方面的启蒙老师。不过,庞德始终没有受过正规和系统的法律教育(他只在哈佛读过一年法律,以后则开业做律师),他更多是靠自学。1890 年以后的十数年间,他系统阅读了有关罗马法、比较法、法理学和法律史方面的论著,接触到各种思想和学说,包括当时还很有势力的分析法学和历史法学,还有柯勒的新黑格尔法学、詹姆士的实用主义哲学、沃德的社会学理论等等。庞德日后得以另辟蹊径,树立起美国社会法学这面大旗,与上面各派思想或多或少都有些联系。比如,他特别强调法律的作用或实际社会效果,以此作为研究法律的出发点和判别法律的标准,这是从实用主义哲学那儿来的;他的一个最著名的说法,即把法律说成是"社会工程"或"社会控制"手段,则是受了社会学家沃德和德国法学家柯勒的启发。柯勒认为,文化的意义在于提高人对于外在自然界和内在本性的控制能力,法律的作用则在于维护、促进和传播文化。这也正是庞德的出发点。事实上,庞德是把文明(无论作为事实还是观念)看成了整个社会科学的出发点,而文明,在他看来,乃是"人类力量不断地更加完善的发展,是人类对外在的或物质自然界和对人类目前能加以控制的内在的或人类本性的最大限度的控制"。([美]庞德:《通过法律的社会控制　法律的任务》,沈宗灵、董世忠译,北京:商务印书馆,1984年,第9页。以下援引该书只注页码)这种意义上的控制,不仅是文明的标志,而且是可用以衡量文明发展程度的准绳。庞德的法律观就建立在这种文明论上面。

作为文明的控制是个统一整体,但是对外在自然界和对内在本性的控制,却要借助于不同的手段。法律是用以控制人类本性的手段之一。

人类本性若何?这是麻烦之至的问题,庞德认为,人类受双重本性的支配。一方面,人是社会动物,天生有合作的倾向;另一方面,人又是个体的,有着形形色色的欲念、要求。由此生出两类矛盾。第一,个人的欲求无限,满足它们的手段却很有限,因此,人们欲求的重叠与冲突便势所难免。此时,如果没有相应的社会控制把这些纷杂、矛盾的要求纳入到秩序的框架之中,不独每个个人的愿望无以满足,人们赖以生存的社会也难以维持下去。在这种情况下,社会控制就不仅是文明延续的前提,而且具有"为最大多数人做最多的事情"的工程学价值。第二,人类的双重本性之间也有矛盾。在人的社会性和个体主张之间,过于偏向任何一方都会阻碍文明的成长。因此,调整好二者的关系,同样是文明的任务,是作为社会控制的法律的目的。可惜,关于这个问题庞德谈得不够明确。他把法律看成社会控制手段,一种"社会工程",主要着眼于前一类矛盾。

从历史上看,道德和宗教都曾是实现社会控制的基本手段,与它们相比,法律则是一种高度专门化形式的社会控制。就这一点来说,法律由最初与道德、宗教不分的混沌状态中渐渐分离出来,成为一种独立的和高度专门化的形式,正好表明了文明的进步和社会的复杂化。在高度复杂的现代社会生活中,人们要"对未来采取有把握的行动","不仅需要法律,而且需要大量的法律"。(第78页)

上面把法说成是一种高度专门化的社会控制形式,是由法的功能方面下定义,并不涉及传统上被认为构成法律本质的要素。所以,庞德要用它来统一各家关于法律概念的说法,意义是有限的。到头来,他还是要由另一方面来回答法律是什么的问题。在这方面,可以看到庞德与19世纪以来几个主要法学流派思想上的渊源。

首先是分析法学派。它认为法是主权者的命令,借强力而推行,所以,它强调意志与强力。其次是历史法学派,它把法与经验等同视之,认为法是经验的条理化。最后是哲理法学派,它认为法是理性的表现,因此把理性作为法律的本质来看。还在内布拉斯加州攻读植物学的时候,庞德就已经接触到了这些思想,甚至,他还是由分析法学、历史法学逐渐走上社会法学一途的。因此,他在建立自己的法律概念时,自然地要从对上面这些思想的批判开始。

法律为主权者所制定,依靠国家力量而推行,这种观念自19世纪以后颇为盛行。究其原因,除去制定法(尤其是法典)已成为法律的主要形式和相应法学思潮的传布之外,还有两点须注意:一是它适应了本世纪重又兴起的国家主义乃至专制主义的要求;二是它本身也确实反映了法律现象的某一个真实侧面。后面这两点决定了庞德的基本立场,这里,首先是对适应专制需要的强力说和意志说的批判。

如果我们认定法律就是意志或者强力,结果会怎样?庞德认为,"当立法者被教导说法律是主权者的命令而他是主权者的喉舌时,他就倾向于认为规定在'兹制定'等字样后面的一切都是正当的了。专横的立法用这些东西乃是主权者的意志这种说法来为自己辩解"(第13—14页)。"如果立法者、法官和行政官员被教导说,法律是政治组织社会行使强力的威胁,那么他们就倾向于不去思考一下这种威胁的内容是什么,而只去考虑,在什么程度上用一般讲法来说,这种威胁能够行得通。"(第14页)这是一种关于"是怎样"的理论对"应当是怎样"的观念产生影响的心理效应,今天常被用来给专制政府"以科学理论上的声援和慰抚"。(第14页)当然,庞德并非只以政治上的好恶对待学术问题,他也看到并且承认意志和强力在法律的形成与施行中的作用,只是,他同时还指出了意志的局限性和强力的从属性。

法律固然建筑在权力或强力之上,但它绝不是权力,"它只是把权力的行使加以组织和系统化起来,并使权力有效地维护和促进文明的东西"(第26页)。这里,强力只是正义的工具,其本身不具有独立存在的依据。易言之,社会控制并不只意味着强力,它必须建立在理性基础上,去追求人们所设想的正义目标。而所谓正义,在庞德看来,既不是个人的德行,也不是人们之间的理想关系,它是一种制度,"一种关系的调整和行为的安排",借此能使人类的各种要求和愿望,在最少阻碍和浪费的条件下尽可能多地得到满足。(第35页)这是庞德用来评判强力运用的基本价值尺度,核心还是他的文明论。至于意志,它要成为真正有效的法律,只靠强力是不够的。具有强力全部力量的东西也具有它的一切弱点。况且,经验也非如此。查士丁尼的《国法大全》是一批古罗马法学家们的著作;路易十四的敕令和《拿破仑法典》也绝非某人的一己意志。"如果说意志是形式和所颁布结果的背景的话,那么隐藏在内容后面的则是经验和理性。"(第110页)

历史法学派强调经验,哲理法学派强调理性,在庞德看来,两者都有道理。问题是不能把它们割裂开来,因为"只有能够经受理性考验的法才能坚持下来,只有基于经验或被经验考验过的理性宣言才成为法的永久部分。经验由理性形成,而理性又受经验的考验"。从这里,庞德得出自己的结论:"法是通过理性所组织和发展起来的经验,由政治上有组织社会的造法或颁法机关正式公布,并受到社会强力的支持。"(第110页)

在这个看似平淡的定义里,庞德突出了经验与理性,这两个要素在他的法律价值论和法律限度论中占有重要地位,是他评估各种法律，判定其效力的重要依据。

担负着社会控制使命的法律，既然要对各种互相重叠和冲突的利益加以评价、取舍，势必要依循一定的准则，这就涉及了价值问题。虽然这正是困难之所在，却又是法律科学无法回避的问题。揆诸法律史，对价值准则的论证、批判及合乎逻辑的适用，都曾是法学家们的主要活动。虽然直到今天，人们还不曾建立一个大家都能接受的普遍价值准则，但这不等于说，"我们必须放弃一切而将社会交给不受制约的强力"（第58页）。庞德正是抱着这种信念去探讨价值问题的。自然，作为一个社会法学派的领路人，他所关注的主要不是抽象的正义命题，而是各种法律的实际制作、发展和适用的过程。在这方面，他提出了三种确定价值尺度的方法。

第一种方法由经验中求得。它能够在无损于整体利益的前提下调整各种冲突的利益，同时又使这种经验得以合理地发展。这样，"尺度就成为一个能在最小阻碍和浪费的条件下调整关系和安排行为的实际东西"（第58页）。比如，既要维护国人的言论自由，又要保护人们不受他人诽谤的权利，于是产生了诽谤法：两种主张（或说权利、利益）之间的妥协。在现代社会中，这种妥协处处可见，只有妥协得好或不好的分别，想要避开妥协是办不到的。用工程学的术语来说，这种妥协至少有利于消灭或减少阻碍和浪费，能以最小限度的浪费调整各项竞胜的利益，有益于文明，因之具有一种哲学价值。（第60页）这在很大程度上是个经验问题，要有大量的司法判决作基础。前提是有比较完备的司法体系,训练有素的法官,有权威性的法制。

经验的方法之外,还有理性的方法,即依照特定时空文明的法律假说对新的主张加以评判,包括划定它们的界限,调整与其他利益之间的关系等。庞德曾就"此时此地文明社会的法律假说"确定为五个基本命题。比如,"在文明社会中,人们必须能假定其他人不会故意对他们进行侵犯"(第一条);"在文明社会中,人们必须能假定他们为了享受其利益的各种目的,可以控制他们所发现和占用的东西,他们自己劳动的成果和他们在现行的社会和经济秩序下所获得的东西"(第二条,第60—61页)。实际上,这些都是由人类社会经验中总结出来的文明社会的一般生活条件,是经验考验过的理性。当然它们的意义是相对的。随着生活条件的变化,人类的经验将不同于以往,充作评价尺度的法律假说也要发生变化。

第三种价值尺度,"是关于社会秩序从而也是关于法律秩序的一种公认的、传统的权威观念"(第63页)。这在某种意义上,也是具有相对意义的"假说",也会随着社会条件的变更而改变。尽管如此,它对于人类生活的影响却十分重大。庞德谈到了17—19世纪人们理想的社会图景,那是一个崇尚竞争的个人主义和自由主义时代。这幅图景已为本世纪以来一系列新的变化冲淡了:社会开始取代个人,合作开始取代竞争,综合开始取代分析。庞德注重法律的社会效果,把法律作为整个社会控制的一部分来研究,表观的乃是同一种倾向。在这里,变化中的两极正好是前面提到过的由人类本性中生发出的第二类矛盾。所以,究竟按照什么样的图景来解释社会,实际是关系到社会进步、文明发展的大问题。庞德由他的文明论出发,强调自由的个人主动精神,自发的自我主张,与合作、秩序和有组织的活动同等重要,要实现文明的进步,对这两种因素皆不可偏废。不过,由庞德所处的特定时代看,他的表述实际带有某种倾向。"我们不能被阻止去接受一个既容许有竞争也容许有合作的理想。我们不要因为承认合作是文明中的一个因素,而被迫牺牲在上一世纪由于建立了一种个人权利制度所取得的一切成就,或被迫牺牲自从以保障个人自由作为基本因素的清教徒革命以来所取得的一切成就。"(第70页)置身于20世纪的法律社会化运动中,庞德能够站在文明演进的高度,得出这样清醒的认识,不独难能,而且对我们极有启发意义。

　　与价值问题同等重要的是关于法律界限的问题。这也是一般法理学著作通常要以一章篇幅来谈的问题。只是,一般谈法律的界限,着眼点在权威与自由的关系。庞德注重的是法律的实际社会效果,这里,界限不是人为确定的,而是由法律本身的性质——经由理性所发展的经验,通过经验考验过的理性——所决定的。如果一个立法者想要使他制定的东西被很好地执行,就必须使其意志合乎理性与经验。这也是历史的"经验谈"。鉴于法律在今天社会生活中的重要地位,弄清在通过法律实行有效的社会控制方面存在的种种限制,意义十分重大。

　　庞德把作为社会控制工具的法律具有的重要限制归结为

三个方面:(1)法律只处理外部的行为,不能及于内部;(2)强力于人类意志的局限性;(3)法律机器的运转须有外部手段的保证。(第118页)

第一个方面实际讲的是法律与道德的界限。有这样一个故事:一个英国教师说,"孩子们,必须内心纯洁,否则我就要揍你们"。经验表明,这样做的结果会是,孩子们先是莫名其妙地挨揍,继则一个个都变成了投"师"所好的小小伪君子。如果一个民族也像那个英国教师对待孩子们那样要求自己的成员,那就不但毁了他们的法律,也败坏了他们的道德。

第二个方面谈的是法律制裁所固有的限制,这是人们在司法实践中大量遇到的问题。比如,法院能够迫使一个被告提供金钱赔偿,但要让他去恢复一个隐私受到侵犯的人的精神安宁,却完全无能为力;它可以强迫一对夫妇履行同居的义务,但绝无可能阻止他们同床异梦。对于名誉、情绪和感情一类损害提供金钱赔偿的办法久已引起人们的批评。吉卜林写道:"一个人有什么悲哀吗?欧洲的先生们说,给他钱吧。他受到耻辱了吗?欧洲的先生们说,给他钱吧。他头上有什么毛病吗?欧洲的先生们还是说,给他钱吧。"(第32页)狄更斯对英国人有同样的责难,他说他们的法律"把正义的永恒原则同英镑、先令以及便士的永恒原则结合起来"了。不过,庞德说,这不是法律的过错,它是由事物的本性决定的。进一步的补救办法只能在其他社会控制手段中求得。

关于第三种限制的说明最有启发意义。庞德的基本观点是,法律规则不会自动施行,所有法律都需要人来执行。这不是在鼓吹人治,而是主张真正有效的法治。从社会心理学的角度来讲,一种有效的法律制度,必定有适当的社会心理保证,或说社会心理势力的足够支持。从社会法学的立场出发,用欧洲大陆一派的话来说是,法律必将符合各类社会关系内部秩序的"活的法律"方始有效,用美国这一派的话说则是,只有在最优条件下保护了最多利益的时候,法律才不至于被压迫得走样。总之,法律不是独立自在的东西,并非只凭立法者的一时喜怒,辅之以强力就可以通行无阻;同样,它也不是只要写在纸上,被人张贴出来就可以万事大吉了的。法律是一种社会控制手段,并且是现今最重要的一种,但它从来不是唯一的社会控制形式。统一在社会控制之下的,还有道德、宗教等传统的领域。对于整个社会来说,有效的社会控制意味着法律、道德、宗教诸领域的基本一致。换句话说,有效的法律控制,必定有宗教、道德和教育的充分支持。这是大原则,无论在哪里都能适用。由于具体情况的千差万别,原则的应用便大有文章可作。比如,要弄清法律在社会中的现实状况,它与道德、宗教及社会一般心理的相互关系,它是超前的,还是落后的,为实现有效的社会控制(记住这是含有特定价值取向的概念),应当坚持什么,维护什么,否弃什么,改造什么,等等。如果其中还涉及不同的法律传统如西方法与东方法的作用、影响,问题就更复杂了。虽然这些问题未必都是庞德关注的中心,却是可以由他的法律文明论和法律的社会总体观中合理推出的。一种开放的和富有生命力的法律学说理应如此。

　　庞德由研究寄生菌而转攻法律学，虽说是半路出家，但却成绩斐然，令人瞩目。这在很大程度上要归因于他早期接受的科学训练。作为一个植物学家，他习惯于在大量占有材料的基础上进行归纳和分类。他研究社会现象也依然如此，不教条，不独断，只尊重历史。虽然他在语言方面的天赋和渊博的学识对他很有帮助，但是，设若没有严肃的求实精神，没有兼收并蓄的广阔胸襟，以及宽容的态度和深刻洞察力，他要取得那样的成就也是不可能的。撇开具体的学术观点不谈，仅就如何研究法律这一点来说，庞德也值得我们认真看待。

从权力支配法律到法律支配权力[*]

1748年，一部"奇书"在日内瓦出版。仅仅两年之内，它就印行了22版，并有多种译本。这部轰动整个欧洲的巨著便是《论法的精神》。作者孟德斯鸠，一位法国贵族，用了整整20年时间，终于完成了这部"亚里士多德以后第一本综合性的政治学著作"和"到他的时代为止最进步的政治理论书"。[《论法的精神》(上)，张雁深译序，北京：商务印书馆，1961年，第17页]全面评述这部百科全书式的著作恐怕是件吃力而又难以奏效的事情，也不是这样一篇短文所能做到的。下面将要谈的，只是孟德斯鸠政治理论中最重要的某些问题，所论未必全面，但多出于自己的理解，或许能够引起读者的共鸣。如果此外更能触发读者的灵思，引起更进一步的思索，那便是意外的收获了。

凡对孟德斯鸠其人其书有些微了解的人，都知道他的名字是与"三权分立"学说联系在一起的。对于这个学说，我们并不

---

* 原载《读书》1986年第8期。

生疏。最近二百年来的西方政治理论和实践大大发展和传播了这个观念。将国家权力划分为立法、行政、司法,使之分立、制衡,这也早已是宪法学、政治学上的常识。然而,唯其是常识,其精义反易于为人忽略乃至遗忘。因此,要很好地了解这个学说,最好的办法是回到它诞生的那个时代,透过原始的理论形态,看一看它最初得以产生的历史背景和逻辑前提。

由 12 世纪始,西欧封建国家渐渐脱离了政治动乱和无政府状态,王权的加强即其标志之一。四百年以后,君主政体已大为盛行,并有实行专制政治的趋向。在这个过程中,罗马法被证明是非常有力的武器。"为君主所喜之物具有法律效力","君主不受法律约束",这些罗马法上的格言正好为新兴的王权张目。难怪都铎王朝的亨利八世竟不顾国内的普通法传统,而要将罗马法制度引入本土。虽然在英格兰的特殊历史条件下,此举终不能免于失败,但在既无议会传统又无普通法职业阶层的法兰西,它却大可以促进王权的繁盛。在路易十四"朕即国家"的名言里,我们确可见到那些古代格言的印记。1789 年 11月,国王路易十六亲临巴黎高等法院,要求通过一项借款和课征新税的计划(按当时惯例,国王的法律须由巴黎高等法院登记注册方可生效)。当时,奥尔良公爵喊道:"陛下,这是不合法的!"路易十六则回答说:"这是合法的,因为我要这样。"(引见[法]皮埃尔·米盖尔《法国史》,蔡鸿滨等译,北京:商务印书馆,1985 年,第 264 页)的确,从理论上说,国王的权力是无限的。他可以随时制定或修改法律,任意决定其臣属的命运,只有惯例多少可以限制这种绝对权力的行使。这便是路易十四以来的专制传统。根据孟德斯鸠的定义,专制政体的统治方式是由单独一人按一己意志来领导一切,君主的意志就是法律。生活在这种政体之下,人民毫无自由可言,虽然他们可能多少受到风俗和惯例的保护。这里,孟德斯鸠作了一个非常重要的划分,即与政制相关的自由和与公民相关的自由。

> 在自由和政制的关系上,建立自由的仅仅是法律,甚至仅仅是基本的法律。但是在自由和公民的关系上,风俗、规矩和惯例,都能够产生自由,而且有些民事法规也可能有利于自由。([法]孟德斯鸠:《论法的精神》,第187页。以下援引该书只注页码)

大体说来,风俗、惯例只是"自然"形成的东西,法律,特别是"基本的法律"却都是"人为"地制造出来的。所以,研究自由与政制的关系,不仅可以是描述性的,更可以是规范性的。在孟德斯鸠所处的时代,后一种方法更为盛行,孟德斯鸠本人的成就也主要是在这一方面。

就政制而言,怎样的安排才意味着自由得以确立,或者,反过来问,在什么情况下自由便不复存在了呢? 在回答这个问题之前,我们首先要弄清孟德斯鸠本人对于自由的看法。

孟德斯鸠认为,政治自由不同于哲学上的自由,它与意志的行使无关,而是"一种心境的平安状态。这种心境的平安是从人人都认为他本身是安全的这个看法产生的"（第155—156页）。这里,问题涉及某种秩序的概念。因为,一个人的安全感只能产生于对某种外部保障的确信。在一个文明的社会里,这种外部保障是秩序,是法律。对此,孟德斯鸠说得非常清楚:

> 政治自由并不是愿意做什么就做什么。在一个国家里,也就是说,在一个有法律的社会里,自由仅仅是:一个人能够做他应该做的事情,而不被强迫去做他不应该做的事情。
>
> 自由是做法律所许可的一切事情的权利。（第154页）

按照上面这个精辟的定义,我们可以说,法律是自由的基石和天然屏障。诚如马克思所说,"法典就是人民自由的圣经"[《马克思恩格斯全集》(第一卷),第71页]。不过问题不仅在于法律的有无,更在于法律与权力的关系。因为,就事物的性质来说,权力总是倾向于无限制地扩张,除非有某种合理的政制,法律的藩篱将被摧毁,自由也将荡然无存。查理一世不是说过"只要有权,没有法律可以造出一条法律来"吗? 这是可以支配法律而本身不受约束的专制权力。1640年的革命不过是想要推翻这种权力,把它置于法律的制约之下。这是人类历史上一场权与法的大博斗。终局是我们大家都熟知的。1688年"光荣革命"最终确立的君主立宪制度使英格兰成为当时欧洲最"自由"的国度。直到一百多年以后,英格兰的政制仍使得欧洲的先进思想家心向往之。孟德斯鸠也不例外，不过作为一个新的思想武器的锻造者，他所要做的主要不是称颂和赞美，而是扎扎实实的研究和探索，以便找出能够确保自由的政制赖以建立的原则。

与同时代的另一些思想家不同，孟德斯鸠讨论这个问题并非由先验的前提入手，而是从历史和经验出发。他所遵循的是一种简单的方法。"在政制中发现政治自由，并非十分困难的事。如果我们能够看见自由之所在，我们就已经发现它了。"（第155页）实际上，孟德斯鸠在写这段话的时候，他自信已经看到了自由，发现了自由的政制。自然，那正是英格兰的政制。具备常识的现代人都知道，孟德斯鸠笔下的那个自由政制当时并不存在，至少那不是英格兰的政制。然而，这个善意的误解并未阻止他接近真理。因为，即使没有英格兰的榜样，他依然可以在自由的雅典和罗马共和国的历史中探寻，而对于威尼斯等意大利共和国和土耳其政制的研究，已经使他确信看到了一切暴政的根源。他这样写道：

当立法权和行政权集中在同一个人或同一个机关之手，自由便不复存在了；因为人们将要害怕这个国王或议会制定暴虐的法律，并暴虐地执行这些法律。

如果司法权不同立法权和行政权分立，自由也就不存在了。如果司法权同立法权合而为一，则将对公民的生命和自由施以专断的权力，因为法官就是立法者。如果司法权同行政权合而为一,法官便将握有压迫者的力量。

　　如果同一个人或是由重要人物、贵族或平民组成的同一个机关行使这三种权力,即制定法律权、执行公共决议权和裁判私人犯罪或争讼权,则一切便都完了。(第156页)

　　……一切权力合而为一,虽然没有专制君主的外观,但人们却时时感到君主专制的存在。(第157页)

我们不惮其烦大段引用的这篇文字不但是《论法的精神》一书中最精彩的段落,也是孟德斯鸠政治理论的核心所在,这个理论可以用一句话概括:政治自由必须靠分权来保证。

由反面的叙述中得出正面的命题,这无疑是一种深化,但是,如果我们对于孟德斯鸠及其理论的理解仅仅停留在这一水准上,那将是很不够的。因为,只是通过这个命题,我们还不能清楚地知道,分权于政治自由何以是必要的,以及它为什么又是可能的,等等。这些问题涉及某些更隐蔽也更重要的理论层面,除非我们已经真正深入其中并把握其要旨,谈论孟德斯鸠的分权理论难免要流于浮泛。关于这个问题,可以从某种政治理论传统谈起。

早期政治理论家多喜欢谈论人性,并把自己的理论建立在关于人性的看法上面,这一点,在孟子与亚里士多德都是一样的。所不同的是,孟子以为,人心中皆有"善端",人只要将此"善端"扩而充之,即可成圣人,即可行王道。亚里士多德不然,他坦白说自己不敢对人性寄予奢望。按他的说法,人若日无法律,无视正义,便是所有禽兽中最恶劣的一种。前者是以制度系于人心(人存政举的贤人政治)的人治理论,后者则导出希腊城邦国家的法治主张。虽然孟子的理论并不能代表古代中国全部政治哲学,亚里士多德也不是西方历史上唯一的政治理论家,但就渊源和影响的久远而论,他们的理论却都属于最值得注意的一类。至少,西方近代启蒙思想家有意无意所承接的,多半是亚里士多德以来的政治理论传统。约早于孟德斯鸠半个世纪的另一位分权学说鼓吹者洛克写道:

> 谁认为绝对权力能够纯洁人们的气质和纠正人性的劣根性,只要读一下当代或其他任何时代的历史,就会相信适得其反。([英]洛克:《政府论》[下篇],叶启芳、瞿菊农译,北京:商务印书馆,1964 年,第 56 页)

孟德斯鸠说得更干脆:

> 一切有权力的人都容易滥用权力,这是万古不易的一条经验。(第 154 页)

这里,谈的是历史,是经验。但作为"规律",它还不是科学,而是假定。这个假定是超时代的。这个"有权力的人"属于任何一个时代,任何一个民族,任何一个阶级,但他"容易滥用权力",这却是万古不易的"真理"。所以,下一步是要从事物的

性质出发,找出解决的办法。为了便于说明,我们不妨把这个推理过程简化如下:

假定1:"一切有权力的人都容易滥用权力。"

假定2:"有权力的人们使用权力一直到遇有界限的地方才休止。"

结论:"要防止滥用权力,就必须以权力约束权力。"(均见第154页)

从这里向前再跨一步,就是分权学说。自然,孟德斯鸠跨出了这一步。但在这样做时,他不过是把一个具有普遍意义的理论应用于一个特定时代的特定国度:18世纪中叶的法兰西。因此,当我们看到孟德斯鸠在描绘他的理想王国时,心中憧憬的不是某一个意大利共和国,而是英格兰的政制,而他的所谓"三权分立"亦不过是阶级分权说的时候,用不着感到惊奇。1791年宪法不也是肯定君主立宪制度吗?问题在于,孟德斯鸠的"三权分立"赖以建立的前提具有广泛得多的适用性和包容性,它所关心的主要不是三权或者四权分立,而是为权力制定界限,是权力与权力之间的制衡。正唯如此,孟德斯鸠不仅为法国人所接受,也为美国人所接受;不仅为西方所承认,也为东方所承认。在这个意义上,与其说孟德斯鸠的理论是"三权分立"的学说,倒不如说它是权力制衡的学说,至少,孟德斯鸠对于近代政治理论最持久、最重要的贡献是在后一方面。

通过权力之间的制衡来防止权力的滥用,进而保证政治自由的实现,这当然是孟德斯鸠政治理论中精彩的一章。但是,如果我们不曾把这一思想同他关于自由的定义放在一起来思考的话,恐怕还是难以把握这一理论的深厚历史意蕴。

按照孟德斯鸠的定义,自由只是"做法律许可的一切事情的权利"。换言之,法律是自由的尺度。法律不存,自由亦无从谈起。如果把这种认识提高到关乎政制的自由这一层,分权与否的问题马上可以新的形式提出:是权力支配法律,还是法律支配权力。这才是问题的症结所在。历史上人治与法治的论争、封建主义与资本主义的搏斗都可以说是围绕着这一根本矛盾展开的。

在西方历史上,从罗马帝国一直到洛克以前的英国和孟德斯鸠时代的法国,欧洲政治的基本格局是权力支配法律(至少在公法领域),而17—18世纪之间所有进步的政治理论和实践无非是要把这个公式颠倒过来,使法律支配权力。在最高意义上说,这种支配权力的法律"不是政府的法令,而是人民组成政府的法令"。这种法律被称做"宪法"。托马斯·潘恩写道:"政府如果没有宪法就成了一种无权的权力了。"([法]托马斯·潘恩:《潘恩选集》,马清槐译,北京:商务印书馆,1981年,第250页)他的意思是说,政府的权力须由宪法授予,否则就不是合法的,只能算是暴政。然而,宪法本身也是需要保障的。既然权力的合一必然使人性腐化,必然置法律于无力,那就只有分权和制衡可以保证法律的统治。以往的历史表明,所有的暴政都是由于没有权力制衡的结果。至少,孟德斯鸠深信如此。他满怀激愤,历数旧制度的弊害。这种激愤之情大概多少妨碍了他正面阐述其理论,特别是其中法律与权力这一根本性冲突。有趣的是,一个多世纪以后,当孟德斯鸠的理论被译介到中国的时候,这个被理论的创造者"忽略"了的问题倒被其介绍者专门提了出来。中国的秦代有法,更有劝君任法的法家,但正是这个秦代开了中国专制制度的先河。如按"孟氏之说",则专制无法,这岂不是矛盾?严复以为,问题出在对"法"的理解上。

> 孟氏之谓法,治国之经制也。其立也,虽不必参用民权,顾既立之余,则上下所为,皆有所束。若夫督责书,所谓法者,直刑而已,所以驱迫束缚其臣民,而国君则超乎法之上,可以意用法易法,不为法所拘。夫如是,虽有法,亦适成专制而已。(《法意》卷二按语,载王栻《严复集》,北京:中华书局,1986 年。重点号为引者所加)

这里说的,虽是对法律一词的不同理解,要害处却是法律与权力的关系。所谓"国君超乎法之上,可以意用法易法"云云,讲的正是君权大于国法。这是中国两千年不变的专制传统。所以,中国第一次成功的资产阶级革命不但推翻了帝制,而且颁行了一部西方式的规定分权的宪法。这部宪法虽然被称为"五权宪法",其内在精神却完全是西方的。它所承受的不仅是孟德斯鸠的政治原则,而且是孟德斯鸠以后西方政治实践发展的传统。1787 年颁布的《美利坚合众国宪法》是第一部三权分立的宪法,它完全建立在孟德斯鸠的分权理论之上。两年以后的法国《人权宣言》更是明白写道："凡权利无保障和分权未确立的社会，就没有宪法。"政治革命以直截了当的方式确立了法律与权力的新格局。理论之花终于结出丰硕之果。

《论法的精神》一书问世至今，两百多年已经过去了。今天的欧洲和世界与百年以前相比也已经面貌迥异。然而，现行的美国联邦宪法依旧是1789年的那部（美国宪法颁布至今，已先后增加了二十多条修正案，其中有些是原则性的。这里所谓"依旧"，主要指其正文部分未变，与分权有关的主要是这一部分），欧洲各国的宪法亦不能摆脱传统的分权模式。设若这些宪法的最初制定者能够重读宪法，大概不至于感到太不适应吧。这种现象究竟意味着什么？传统的分权理论仍保有活力，还是名存实亡，沦为过时的形式？回答这个问题必须慎重。

1969年，美国一位年轻的政治学家（现任康乃尔大学政治学教授）西奥多·路威出版了一部颇为轰动的新著，书名是《自由主义的终结：美利坚第二合众国》。这部书谈到近半个世纪以来美国民主政治经历的巨大转变。根据传统分权理论制定的宪法仍在，而社会生活实际已发生了惊人的变化。传统的"三权分立"说仍然是民众的信仰，但实际上已变形，处于衰亡之中。民主面临的危险来自日益膨胀的行政权力，来自支持这种权力的"大众民主"（mass democracy）。路威的结论不一定人人都会赞同，但他所列举的事实和所描述的现象，却是一般人不能否认的。这是否意味着孟德斯鸠已经完全过时了呢？我想也不尽然。"三权分立"的学说固然有明显的局限性，但作为这种学说基础的制衡理论却建立在一个"超时代"的前提上面。只要这个前提存在着,制衡理论就依然有效。实际上,直到今天为止,还没有任何一种政治理论或实践能够否定它的有效性。路威之所以对"大众民主"感到担忧,只是因为这种形式取消了一切可资制衡的"中间环节",从而打破了"三权"之间的平衡。这当然不是某些人的主观意愿所致,而是历史演变无可挽回的结果。所以,问题不在于应否不合时宜地主张"三权分立",而在于能否找到新的适应时代的制衡形式,不管这种形式是政党的、派别的还是社会多元的。这样做的目的仍在于防止权力的滥用,保证法律对于权力的支配。在这一点上,人们不能不想到孟德斯鸠。毕竟,这个时代是他那一代人开创的。

法·法律·法治*

——读《比较宪法与行政法》

　　常听人谈"法制"问题,讨论"法治"的文章、专著却不多见,更少有分量的论著。然而读毕龚祥瑞先生近著《比较宪法与行政法》,上面的印象便大为改观了。

　　这并不是一部关于一般法治理论的专论,但是书中讨论的,却又是法治理论和实践中某些至关重要的问题。该书作者,年逾古稀的龚老先生,早年专攻政治学,并赴英国深造。以后从事宪法学的教学与研究多年,兼具政治学与法律学两方面的训练和素养,这就使他对宪法和行政法的研究,比通常仅就法律制度研究法律制度的做法要高出一筹。又由于大量阅读原著,以及早年留英时对西方政制、法制的亲身体味,龚先生在论及西方宪政制度时,笔下时而透露出一种文化的把握。这一

<hr>

　　*　原载《读书》1987 年第 6 期。

点,更为一般教科书所不及。引发笔者兴味的,主要是这些东西。

按字面意义解释,"法制"可以说是各种法律制度的统称。这种东西,不拘古今中外,凡有文明和秩序的地方便有。法治则不同。它不但是西方文明的产物,而且纯属近代的概念。中国古时有儒、法两派关于"治人"与"治法"的论争,那完全是以中国古代词汇表达的中国古代理论,与近代法治说无涉,而一些现代研究者把它们混为一谈,实在是莫大的误解。且不说中国古代所谓法,原是与西方社会的"法"大不相同的东西,"法治"也不可以仅仅归结为"以法治国"。这一点龚先生说得清楚:

> 所谓"法治",其实不仅仅是"以法治国"的意思,而且含有用以治国的法律所必须遵循的原则、规范或理想的意思,如"公正原则"、"平等原则"和"维护人的尊严的原则"等等。也就是说,法是确定的、公认的理想,而非我们通常所称的"长官意志"或者个人灵机一动的狂想。法高于法律。(龚祥瑞:《比较宪法与行政法》,北京:法律出版社,1985 年,第 81 页。以下援引该书只注页码)

法高于法律! 这是一个很重要的思想。它的含义可以从两个方面来理解。

一方面,法是表明理性和正义的概念。它不是人为设定的,更不能人为地加以改变,它高于和优于人类制定的法律。这种意义上的法,本身已完全超出了实在法的领域之外,实则是法律(实在法)的道德基础与"合法"依据。这样的立场,严格说来已经不是法律的,而是政治的、哲学的乃至文化的了。龚先生写道:

> 从政治学的观点看,法律如欲成为法律,不能仅仅表明一个权威机关的意志,这个权威机关之所以令人尊重,仅仅因为它是根据自己所能运用的强制权力;反之,他们认为法律必须符合某种更为正当有效的东西。于是,就从合法性中产生了合理性问题。……这就比"依法办事"的原则更进了一步,或将"法"一词推广,把法理或正义之类的内容包括在内。(第320页)

这样一种"法"的概念的确是蕴含丰富,但这并非近代哲学家着意推衍的结果,而是历史上既成的文化传统。早在古代希腊,这种可与正义比同的法的概念,连同法高于法律的思想,就已经十分流行了。虽然这还不是近代的法治观,但它却是实现法治不可或缺的文化条件。这一点下面还要谈到。

法高于法律的另一重含义是政治的和法律的。这里的法不再是抽象的正义,而是可以实证方法分析的宪法。宪法不同于一般部门法,它是所谓基本法或根本大法。这就是说,它在一国法律体系中效力最高,不仅政府的合法性来源于宪法,国家所有法律、法令也都不得违反宪法的原则。这种宪法高于和优于一般法律的理论显然来自上面提到的法－法律模式,只不过,它是制度化的,是政治的而非文化的。没有这个由文化到政治、由抽象观念到具体制度的转化,就不会有近代法治。换言之,文化条件之外,如若没有政治的解决,则无所谓历史的进步。不过,这里有两个问题值得注意。第一,政治解决虽然重要,文化条件则更为根本。因为文化条件乃是先在的,决定性的,政治解决只能在原有文化条件的基础上进行,并且最终无法超出固有的文化范式。第二,政治解决不能够取消原有的文化条件,相反,它要依靠文化上的支持才可能强固。因此很自然,就在政治解决的模式当中,也可以看到固有文化的特色。就"法高于法律"这个命题来说,一方面,作为实在法,宪法之上还有更高的法,那是一些正义和理性的准则,可以作评判宪法的依据。另一方面,宪法虽然不是表示一般抽象正义的"法",但也不是具体而微的部门法。它是基本法,这就是说,它本身又包含有大量正义和理性的准则,可据以评判所有的法律、法令和政府行为。这种基本法显然不像斯大林说的,只是对已有成就的确认,而至少同时还是值得追求的理想。只不过,这种理想寓于实在法之中,它的评判作用因而是现实的和有效的(实现此种现实而有效的评判需要有相应的制度,如美国式的司法审查制度或西德式的宪法法院制。当然,有这类制度也未必能确保宪法评判作用的有效性)。

上面讲法外之法,法上之法,讲法的合理性,实际是从内容方面阐释法治的含义。这样做困难不少。依据实在法来确定"合法性"并非难事，但要找出实在法本身的"合理性"就不那么容易了。即便大家都同意所谓"公正原则"、"平等原则"和"维护人的尊严的原则"，要确定这些原则的确切内涵，恐怕还要大大费一番周折。尽管是这样，要从内容上界定法治含义的人还是很多。1959 年在印度召开的"国际法学家会议"通过了《德里宣言》，这个宣言集中了各国法学家对于"法治"的一般看法，权威性地总结了三条原则：

（1）根据"法治"原则，立法机关的职能就在于创设和维护得以使每个人保持"人类尊严"的各种条件。

（2）法治原则不仅要对制止行政权的滥用提供法律保障，而且要使政府能有效地维护法律秩序，借以保证人们具有充分的社会和经济生活条件。

（3）司法独立和律师业自由是实施法治原则必不可少的条件。（第 82 页）

在这三项原则当中，至少头两项都是着眼于内容的。它们表达了我们这个时代的见解，若是拿来与近代法治理论的奠基人如洛克、孟德斯鸠的主张相比，显然有相当差距。可见同样是法治理论，内容也不尽相同（当然不会相反）。但既然是法治理论，又肯定有一以贯之的特征，只是主要不表现为内容，而在形式方面。其实所谓法治，恐怕首先应该理解为一种形式。在最广泛的意义上,可以说法治是一种社会组织形式,一种秩序类型。

作为秩序类型的法治,有两个基本特征:一是法的普遍性,二是法的至上性。这两个方面是联系在一起的。

法治的秩序观,不仅指社会秩序建立在法律的基础之上,而且要求法律秩序必须是普遍的。这就是说,全部的社会生活都要靠法律来调节,不独社会治安如此,政治生活和经济生活也都要纳入到法律秩序中来。实现这种秩序自然要有遍及社会生活各个领域的众多法律、法令,简言之,要有完备的法制。但是仅有完备的法制还不足以实现法治,因为法律秩序会遭到各式各样的挑战和破坏,即便是完备的法制也可能横遭践踏,变成与社会生活无干的装饰品。因此,必须要维护法律的尊严,高扬法的至上性。法律面前人人平等,不仅要求公民个人之间的平等,还包含了任何组织、政党、团体都不得超越法律的意思。这又要求司法机关不受任何外部干涉,独立地适用法律。只有这样,普遍的法律秩序才会有保障。反过来,法律的至高无上不能靠呼吁或劝诫来实现,而要有合理的制度作保障。这当然又是法律秩序的一部分,属于完备法制的问题。这样一来,问题就比较容易解决了。要维护法律的尊严,怎样的权力结构是合理的,什么样的体制安排是可行的,等等。这些问题不涉及价值评判,可以纯粹的客观分析求得,更可以付诸实践来检验。由此引出各式各样的社会、政治理论。从古代的亚里士多德、波利比安,到近代的洛克、孟德斯鸠,一直把这个讨论延续下来。

　　哲人们讨论的问题很多,核心却是如何处置权力的问题。权力是一种支配力量,法律也是如此。但这两者并不相同。权力作为一种支配力量,是特殊的和人格化的,法律则否,它是非人格化的和普遍的支配力量(当然要在它独立的时候才是如此)。有人说,法律必须有权力做后盾,否则就是一纸空文。这或许不假。但是权力是不是也应该以法律为基础呢?这个问题分歧就大了。有各种各样的意见,大体可以分为两派。一派主张最高权力不受法律约束,行使这个权力的意志,本身就是法律。另一派正好相反,它认为,一切权力都要在法律当中找到根据,否则就是无效的。这一派强调权力的合法性,乃是要把权力置于法律之下,把独特的意志置于普遍的支配力量之下。只有这样,权力才不至于滥用,民众的权利(当然都是法律所肯定的权利)才会得到保障。这一派主张的,正是近代法治理论。近代宪政国家就按照这种理论建立起来,只是近代才有的宪法,也是根据它来设计的。

　　按通例,宪法概由两大部分构成。一部分旨在列举公民各项基本权利,另一部分则是关于国家政制的安排。今人惯常把这种安排归结为政体,虽然不算错,却还是皮相之谈。因为最早做出这种安排是要解决权与法的关系问题,就是上面说的,要确立法的支配地位,因此做这样一种政制的安排。至于说,究竟怎样的政制安排才是合理的和有效的,这个问题又有争论。孟德斯鸠提出过分权思想,法国《人权宣言》就说:"凡权利无保障和分权未确立的社会,就没有宪法。"这可以表明当时人的信念。这种看法今天已经有了不少的变化。但那主要是因为社会条件不同了,问题仍然存在。过去,行政权或司法权掌握在旧势力手中,所以要严格界定它们的权限,迫使它们依法行事。今天自然不再有这类问题,但权力要僭越法律的界限,这种倾向却无时不有。特别是20世纪以来,警察国家变成了福利国家,政府权力随之扩大到了社会生活的几乎全部领域,越来越容易成为一种不受法律控制的支配力量。法治遇到这样有力的挑战,是过去从来没有过的。

一般人理解法治这个概念,大体总要想到"刑过不避大夫,赏善不遗匹夫"这种法律威严的景象,用现在的话说,就是"法律面前人人平等"。这个"人",自然是个人。但实际上,近代法治的含义比这要更深一层。它固然要求每个人都服从法律,但它首先要求的,却是"政府守法"。这当然不是因为公民个人的守法不重要,而是因为政府的守法对于实现法治更为关键。法治原本是要消除不受限制的权力,造成法律支配权力的格局,自然是把注意力放在政府权力的合法性问题上。这个要求现在不是减弱了,而是更强了。因为现代国家发展的趋势,无一不是行政权的无限发达,以至政府变得无所不在,无所不能。在这样的政府面前,个人愈发地微不足道了。他纵有恶念,能力、手段、机会和活动范围却极其有限,相反,政府即便总是心怀善意,最后也无法杜绝必然会大量出现的越权或滥用权力现象。在这种情形下,公民要想保护自己的权利,还是要求诸有效的法律机制。而法治的最终实现,也不能不先有政府的守法。这就难怪,无论哪一种文字写成的宪法,总少不了"政府守法"的条款。龚先生说:

> 法治不仅是以法律统治老百姓,更是以法律约束统治者。法治就是对权力的限制。(第74页)
>
> 政府的权力也要受法律的限制,这才是法治的实质意义。(第77页)
>
> 政府也要守法,这是法治的真谛。(第96页)

确实如此。

宪法中的原则要通过各种部门法贯彻下去,除了在传统法律部门如民法、刑法、诉讼法中作内容方面的改造以外,还要创立新的法律部门。行政法就属于后面的一类。从法理上讲,这一门法律在宪法上的依据正是"政府守法"的原则。因为这条原则只是近代才有,又是法治理论的核心所在,行政法便不仅是"新"的,而且是支持着宪政的最重要的法律之一。在这个意义上,行政法乃是宪法的直接延伸,与宪法须臾不可分离。这一点,龚先生阐述得非常透彻:

> 宪法是行政法的基础,而行政法则是宪法的实施。行政法是宪法的一部分,并且是宪法的动态部分。没有行政法,宪法每每只是一些空洞、僵死的纲领和一般原则,而至

少不能全部地见诸实践。反之，没有宪法作为基础，则行政法无从产生，或至多不过是一大堆零乱的细则，而缺乏指导思想。（第5页）

行政法的实施，关系着宪法的命运。在"行政国"发达的今天，尤其如此。龚先生采用现今比较通行的做法，把宪法研究与行政法研究合为一集，也是这个道理。

行政法滥觞于17世纪以后的英国和大革命以后的法国，自然都是为了满足法治的要求。只是由于历史条件的差异，它在英、法两国的发展并不相同。在英国，普通法法院在历史上曾经是抵御国王特权的堡垒，因而被认为是人民自由之所系。所以英人主张由普通法法院依据普通法对行政实行司法控制。法国则不同。大革命后的司法界，保守力量尚有相当势力，所以法国人坚决抵制了司法权对于行政权的干预，而在行政系统内部造出一种控制体系，这套体系后来发展成著名的行政法院制度，并且成了与英美国家普通法传统并行的又一大传统的渊源。旧中国法制，多半受这一支传统的影响。

中国的行政法并非如有人所言古已有之，而是辛亥革命以后由西方输入的。北洋政府时期的行政法院叫做"平政院"，这是向日本学来的。1925年，当时任教育部佥事的鲁迅，因其进步思想和行为而被教育总长章士钊免去职务。鲁迅因此向平政院提起行政诉讼，结果获胜。这可以算是中国行政法史上一个著名的案例，龚先生书中也曾提到。但它的著名，恐怕主要不是因为在法理或技术上有何重要,而是因为这类事例本身实在少见。当然这并不表明现实中少有行政诉讼的事由,相反,它只表明行政法的真正实行是件极不容易的事情。因为行政法不同于一般部门法,它是旨在使"政府守法"的所谓"控权法",其实施程度自然大受现实中权力结构的影响。所以,在国民党的专制统治之下,行政法院形同虚设,行政法亦无由发达,这种情形不难想见。

以上把法治作为一种秩序类型来述说,显然是从形式方面把握法治的概念。在我看来,这样做似乎更能够刻画出法治的特征,也更切近法治一词的本意。当然这还不是完全令人满意的结论,因为只凭这种说法,还有许多问题没有解决。比如,为什么要确立法的至上性?又为什么选择普遍的法律秩序?法律如何能够被奉为目的?难道它不是一种社会控制的手段或工具?法治也许确实表现为一种形式,但它仅仅是一种形式吗?难道它可以没有任何原则而随便套用到什么地方?如果不是这样,那么它的原则是什么?是不是有一个它可以容纳的"最低限度"?回答这些问题,不能不加入价值的考虑。

法律本身并非目的,它总是用来服务于人类的一种手段,这是很多人都同意的。但同是这些人,也可能采取奉法律为目的的态度。这倒不一定矛盾。因为把法看作目的,可能正好是把它当作手段运用的结果。当法律被用来保护那些人们真正视之为目的本身的价值,如生命、自由的时候,它们本身也就上升为目的了。因为人们相信,自由只在人们只服从法律而不惧怕任何人的时候才能存在,所以他们把人人都服从法律看作自由的前提。当然,法律也可能是恶的,其规定也可能危害自由。这种法律是非正义的,既不合理,也不合"法"。这个"法",可以是高于普通法律的宪法,如美国联邦宪法第一条第九款第三项规定,"公权剥夺令或追溯既往的法律不得通过之"(该法修正案第一条则列有国会不得制定的有关法律,如"确立宗教或禁止信仰自由;剥夺人民言论或出版自由;剥夺人民和平集会及向政府请愿的权利"等),因为追溯既往的法律,一般说总是威胁着人民的自由,而与法治精神背道而驰。在这里,法治精神所代表的那些价值同样被称作"法",但这是高于全部实在法的抽象之正义法。这样,我们又回到了前面的问题,又遇到从内容上阐释法治含义的困难。不过,这次我们可以换一个角度来考虑问题,那就是,作为一种社会组织形式的法治,虽然首先是一种可以给予精确描述的秩序类型,同时也是一种具有特定意味的形式。就是说,它有其特定的原则和价值蕴涵。这个特定的价值蕴涵虽然极为丰富,但有一个"最低界限",即政治自由(区别于哲学意义上的自由)。这里所谓"最低界限"的真实含义,不但是说法治的核心问题是自由问题,而且是说,真正有效的政治自由必定以法治为前提。因为归根到底,自由终不过是一种稳定的期待,而这种稳定的期待,只有在法律这样一种非人格的和普遍的支配力量能够君临一切人之上的时候才有可能。历史上珍爱自由的思想家,设计出法治理论,而对人的本性满心的不信任,这绝非偶然。

　　总之,法治并非单纯的形式,而是适合特定价值选择的形式。这就不像人们通常所说的法制,那是一个真正形式化的概念,无须限制于特定的价值范围之内。此外,法制的概念纯粹是法律的,法治却不仅是法律的,而且是政治的、社会的和文化的。虽然宪法的实施要有行政法、组织法、选举法等部门法的辅佐,法治终究要落实到完备的法制上面,它们毕竟要来得更高级也更重要。因为它们决定了法制的性质和功用,决定了具体制度发挥作用的范围。还有什么比这个更重要,难道人类制定出法律不是为了实现某个特定的价值目标? 难道人类的命运没有时常受着他们的法律的影响?

　　说来也奇怪,把法当作手段运用的结果,竟然产生了把它看成目的的心态。借用一个不十分恰当的分法,前者是科学的,后者是宗教的(在最一般意义上)。设计和运用手段主要依靠清明的理性,捍卫和追求目的则更多需要发自内心的激情乃至献身精神。这正是见于法治的辩证特征。这样看来,法治的理论和实践产生于西方文明,实在是顺理成章的事情。因为,一种普遍的法律秩序观,一种把法当做目的来尊崇的心态,很早就存在于西方文化之中。这种传统不仅对日后西方社会的政治变革与社会变迁具有决定性的影响,就是对一些至今依然支配着西方人思虑的基本价值的维护也至关重要。显然,法治是个更高的目标,法治的实现是个更复杂的过程。并非任何一种文明当中都包含有法治的契机,也并非任何一个强调法制的社会都能名之为法治社会。虽然对于实现法治的要求来说,条

文与程序是完全必要的,但还不是充分的条件。"如果不具备
保证法律工具运用的政治、经济和社会条件,单独的法律工具
是不能使自由生存下去的!"这是一位法国法学家就其本国法
律所发的议论,作为一个异域的读者,站在别一种文化的立场
上,对此更应深长思之。

法制传统及其现代化[*]

大约三千年前,在尼罗河流域,在美索不达米亚平原,曾有过一些发达的文明。气象宏伟的埃及金字塔和刻在玄武岩石柱上的《汉谟拉比法典》不过是那个时代遗下的少数见证而已。后来,这些文明的光辉是渐渐消散了,但是,它播下的火种却在希腊半岛和地中海沿岸燃成一片,那里便是后来居上的古代希腊-罗马文明。的确,希腊人曾虔心地向东方学习,但其中不乏选择和创造。创造不能随心所欲,须受制于环境、历史等各种因素,然而,毕竟还有历史的随机性和选择的主动性。于是,产生了各式各样的文明,林林总总,形态万千。

由文明的传布到法律的变迁也可以看到同样的情形。博利霍利斯(公元前 8 世纪的埃及国王)的立法影响了梭伦(公元前 6 世纪雅典著名立法者)的立法;《汉谟拉比法典》(约成于公元前 18 世纪之巴比伦)的影响则及于犹太人的律法和希腊法。

* 原载《读书》1986 年第 1 期。

就是古代西方最典型最完备的法律——罗马法的发展,也直接、间接地受惠于东方诸民族的法律。然而,无论观念还是结构,罗马法都不同于任何一种东方法律。或许,后来它们各自的盛衰兴亡皆发端于斯。值得玩味的是,还在当时,帝国法律就随罗马军团一道挥师东进,一度征服了曾在文化上领先的埃及。而在一千多年以后,因充分吸收罗马法的养分而成熟的近代西方法制扩张至全球,从而深刻改变了世界法律的发展方向,即便是那些拥有最悠久历史的文明:印度、中国、阿拉伯……也不能置身于外。显然,这里包含着一系列重大的历史问题,比如,罗马法强大的生命力源于何处? 近代欧洲的崛起与它对罗马法学的继承有什么关系? 西方文明与罗马法的关系是什么? 西方法律文化的特点是什么? 它与东方各种法律文化的区别何在? 奠基于罗马法学的近代西方法律征服世界的意义在哪里? 等等。全面回答这些问题,不仅要研究全部的东西方文化史,还将涉及许多专门领域,足以写成厚厚的几本专著。而本文所要做的,只是就其中某些问题的某些方面展开讨论,附带向读者推荐一本比较法学的名著:勒内·达维德的《当代主要法律体系》,这本书对于我们思考上述问题会有一定的帮助。

19 世纪,西方社会赖以建立的基本思想之一是:社会的基础是法而非含混的公平观念。平心而论,这种思想在西方可说古已有之,算不上全新的观念。公元前 6 世纪,在希腊的城邦国家里产生发达的公民意识的同时,也出现了最早的法治意识。

后来,在体系庞大、结构严谨的罗马法中,这种意识被进一步法律化、具体化了。当然,与近代资产阶级的法思想比较,古代的所谓法治意识还是很不完备的。在古希腊,城邦国家是社会生活的中心,这种自觉意识压倒了一切,而且,由于种种原因,法与道德的分离未能最终完成。直到几百年之后,个人人格的理论才在罗马国家臻于完善,其标志便是独立的罗马私法的完成(公法与私法的划分肇始于罗马法学家。至于划分的标准,则后人说法不一。据罗马法学家乌尔比安的意见,前者是有关罗马国家的法,后者是有关罗马公民的法)。然而,罗马的公法始终不甚发达。在这里,国家主义和皇帝专权窒息了法学。所以,直到 17 世纪自然法学派兴起以后,公法的发达始出现于欧洲。近代意义上的完整的法治观念就是从那里产生的。那么,人们会问,古代法律传给近代西方文明的究竟是什么呢? 答案可以分作两个方面:首先是观念,其次是技术。先谈观念。

公元 5 世纪后,西欧社会陷入了一场空前的灾难。战乱和劫掠几乎夷平了所有的古代城市。随着旧文明的解体,古代的权利观念和法律意识亦告消失,代之而起的是诉诸神意的裁判方法,是强者的专断和教会的仲裁。这种状况延续了若干个世纪之久。直到 12 世纪以后,随着城市和商业的复兴,社会秩序的观念才又开始与法的观念合一。"人们不再把宗教与道德同世俗秩序与法混淆在一起。承认法有其固有作用与独立性,这种作用和独立性将是此后西方文明与观点的特征。"(勒内·达维德:《当代主要法律体系》,漆竹生译,上海:上海译文出版社,1984 年,第 38

页。以下援引该书只注页码）从此，世俗社会应以法为基础的思想就"成为西欧的主要思想；并从此在西欧无争议地占统治地位，直至今天"（第38—39页）。仅从观念的沿革来看，这个转变的很大部分要归功于罗马人。因为，不仅在罗马私法所及的领域里法的统治观念已经确立，甚至私法本身就是这一观念的表征。所以，"罗马法的恢复，首先是把法看成世俗秩序的基础本身这一观念的恢复"（第49页）。看到这一点，我们就不难理解，为什么12世纪欧洲会出现罗马法复兴的热潮，以及为什么罗马法的传播最终导致了资产阶级法治国的诞生。

罗马法学对于近代西方法制的另一大贡献是在技术方面。具体而言，即罗马私法的一整套分类规则、概念、术语。这是罗马法学家在近千年的时间里惨淡经营，精心构筑的结构体系，是古罗马传给后人的一份巨大遗产。其中，诸如公法和私法的划分，物权和债权的区别，地役权、时效、代理和诈欺的概念等等，已经成为今人所熟悉的基本分类和概念了。不过，由于西欧诸国各自不同的发展特点，在接受这份共同遗产的时间、方式、程度及内容等方面又有种种不同。正是这种不同构成了当代西方两大法系（即所谓罗马日耳曼法系或称大陆法系、民法法系和普通法法系或称英美法系。前者发端于欧洲大陆，主要代表为法国、德国，后者则源于中世纪英格兰，主要代表为英国、美国）的基本差异。"罗马法研究的恢复是标志罗马日耳曼法系诞生的主要现象。属于这个法系的国家就是历史上其法学家与法律实际工作者使用罗马法学家的分类、概念与推理方

式的那些国家。"(第49页)换句话说,差异主要是技术而非观念
的。现在看来,技术上的差异既没有妨碍西方社会的现代化,
也没有影响其文化的基本一致性。要紧的还是观念。如果我
们对于西方以外几种主要的法律制度有所了解,这一点就更清
楚了。

在《当代主要法律体系》一书中,西方以外的法律制度主要
是伊斯兰法、印度法、中国法和非洲法。说来很怪,穆斯林和印
度人的法观念与西方的法律至高至上的观念颇为相近,他们也
都认为,最完美的社会便是法的统治最彻底的社会。这主要是
因为,在这些社会里,法具有神圣的或宗教的性质。比如,"伊
斯兰法不是独立的科学门类。它只是伊斯兰宗教各个方面中
的一个"(第423页),而"伊斯兰教本质上是法律的宗教"(第424
页)。印度法的情形也颇类似。著名的《摩奴法典》并非寻常意
义上的法典,它首先是一部宗教典籍。由于这个缘故,传统的
伊斯兰法和印度法既非世俗也非独立的体系,与之相应的则是
其义务本位(而非权利本位)的思想。这些正是它们与西方法
制的根本区别所在,也是它们区别于其他东方国家传统法律的
主要标志。

至于以中国为代表的所谓远东法观念,与西方法思想相去
更远。虽然中国的传统观念并不排斥法,甚至两千年来,历代
皆有"法典",但在人们的意识中,法不过是一种作用有限的工
具。它不曾获得过独立的地位,更不用说至高至上了。因为,
从本质上说,中国传统法律不过是特定时代道德体系的附庸,

它的作用首先是以国家强制力来维护这个道德体系。在这样的社会里,实际上也无所谓纯粹的法律问题,一切纠纷都可依据伦常的原则来解决。所以,在通常情况下,和睦的观念与和解的方式居于支配地位。(黑)非洲和马达加斯加的法意识也大致如此。当然,那并不是一种发达文化的哲学,却可以看作某种原始观念的余绪。

以上通篇讲的都是19世纪以前的历史,如果要回到起点,那就要问,近代西方法制(观念和技术两方面)后来的发展怎样。这个问题也要从两个方面来回答:首先是它向东方的扩张,其次是它自身的趋向。

19世纪中西方列强殖民扩张的历史是众所周知的,毋庸赘述。这时的东方各国,无论有怎样悠久的历史、璀璨的文明,都在这西方后生面前败下阵来。穷则思变,非变不可。且不论变得好与不好,总之是大变了。结果之一就是传统法制的西方化。说它西方化,主要是指法的技术方面,即成文法的西方化(广义上还包括法学理论以及立法、司法机构的组成方式)。在这方面,各国历史条件不同,"化"的先后、程度也不同。不过,现今社会里占支配地位的,无一例外是这种西化了的法律。至于说到法律意识,恐怕还是传统的占优势。因为,长久形成的观念、意识较之表面的制度更不易改变,转变的过程也更多痛苦。但是,这一关看来是非过不可的了。毕竟,技术也不是纯而又纯的东西,它总与某种观念有关。试想,没有古代希腊-罗马法观念的恢复,怎么能设想近代的《拿破仑法典》或《德国民法典》。反过来，印度、中国等东方古国虽有发达的文明，却不曾（我以为是不可能）产生罗马法意义上的法律体系，怕也不是偶然的。观念固然不能取代技术，但它客观上为技术的发展确定了方向，界定了范围。因了观念的不同，一种技术既可能"物尽其用"，也可能"形同虚设"。所以，历史上凡割裂二者，只要技术而全然不顾观念者，没有不失败的。鸦片战争以后，我们也曾向西方学习。不过，最初只是想"师夷之长技以制夷"。当时的人相信，文物制度总是中国的好，并不认为西人的观念有什么优越之处。结果我们失败了。这样，到了"五四"时期，才有了民主和科学的呼声。总之，虽然是技术，其发达与否还要看与之相应的观念怎样，进一步说，哪怕是学习一种技术，接受其相应的观念也是势所必然的。这并不是说，东方各国欲进入现代化，其法律观念非全盘西化不可。一个民族吸收外来文化，如果不能使之与本土文化相融合，难免陷入尴尬境地：旧的业遭破坏，新的却无以产生。正好像旧中国殖民地人，操一口不中不西的"洋泾浜"英语，不独中国人听不明白，外国人更是莫名其妙。相反，两种或多种文明的融合往往会迸发出巨大的能量，产生出新的文明。罗马文明和日耳曼文明之于欧洲，中国文明和西方文明之于日本，都是如此。就以日本为例。

　　近代日本的成功，说到底乃是文化的成功，进而言之，是文化融合的成功。虽然这样做不仅需要想象力和创造力，更需要经受改造之痛苦的勇气。现在，人们普遍承认，日本之所以创造了经济上的奇迹，与它在企业组织和管理中的家族意识，甚至以儒家信条指导经营的做法有很大关系,这是成功的例子。不过,由此也不难想见,在日本人的观念、意识(包括法律意识)方面,传统的东西不会少。举一例以言。日本刑法规定的杀人罪,对于杀害尊亲属者的惩处显然重于对一般杀人罪的处刑。长期以来,日本人以为,对这种大逆不道违背人伦的犯罪予以严惩是无可非议的。日本最高法院历来的判例也都确认了这一条款。显然,这种规定符合儒家伦理信条而有悖于日本宪法中"国民在法律面前一律平等"的原则。所以,它也受到一些具有新思想、新观念的人的批评,并终于在 1974 年的《改正刑法草案》中被废止。从此,杀人罪中不再另设杀害尊亲属罪。条文是修改了,国民意识却不那么容易改,这方面,传统的东西还很有势力,以至于一位日本法学教授在他的新著中写道:"在日本,人们厌恶法律。"[《国际比较法百科全书》第二卷第一册《不同的法律概念》(*The Different Conceptions of the Law*,1975),第 6 页]当然,这并不等于说,日本人在学习西方法制问题上曾经或现在裹足不前。实际上,明治维新以来,日本人改造传统法制的意识是相当自觉的。时至今日,它不仅有了适应现代社会需要的各类法律,而且,以其立法数量之多,于社会生活影响之大,也为东方国家所罕见。只是,观念与制度之间还有一个差距。"个人主义在日本从未扎下深根。受西方影响的法典所设想的社会结构与自由精神在日本实际生活中只在很小程度上存在。"(第 507 页)在道德生活方面,日本人可以其独特的方式撇开这种矛盾,但在另外一些领域恐怕就不行了。上述日本刑法的发展即为一例。尽管如此,由日本的例子,仍然可以明了:现代化并不等于全盘西化,传统的东西只要发挥得当,就会变成现代化的创造性因素。西方社会开明者如《当代主要法律体系》一书的作者达维德也充分认识到了这一点,他在为该书中译本所作的序中写道:"在法的问题上并无真理可言,每个国家依照各自的传统自定制度与规范是适当的。但传统并非老一套的同义语,很多改进可以在别人已有的经验中汲取源泉。"(第2页)从这种通达的观念中,我们或许可以得到些许新的信息。那对我们了解今日的西方社会及其法律,重新估价东方文化的遗产,进而认识人类文化的价值多元性,一定大有裨益。

　　的确,19世纪以后,西方法制发生了很大的变化。法律技术愈益成熟,两大法系有相互接近的趋势。标志之一,就是大陆法系法学家不再讳言判例的种种优点,司法实践中也开始推重判例的作用,英美法系各国则愈加重视制定法和法典编纂。本来,判例与法典,形式不同,功能则一。奉行判例主义与奉行法典主义(前者以判例为法律的基本部分,并有一套复杂的施行规则;后者断案以法律条文为依据,法律上不承认判例有拘束力。与此相应的是在法律构成、法官的推理方式、法官地位、诉讼程序以及法学教育等方面的一系列差异)原是历史上形成的差别,实践中互有短长。由于现代生活的复杂化和交流的日益增多,这种差别是越来越不重要了。不过,这类技术方面的变化倒有普遍的借鉴意义。

　　更深刻的变化是在观念方面。其中,最要者有二,即认为法律能解决一切社会问题这一19世纪西方社会的基本思想和主观权利的观念开始动摇了。人们开始怀疑，仅仅依靠法律的强制性，能否圆满地解决所有的社会问题；为了那些传统的法观念，社会是不是作出了太大的牺牲，等等。于是，出现了所谓私法的公法化和法律的社会化，出现了与这种转变关系密切的新的法学流派。法律中的概括性词句如善意、善良风俗、习惯等再度流行，法官和当事人也分别获得了更大的裁量权和选择权，以便真正达到"公正"的目标。这样，东方的传统再次受到重视，它所固有的和解方式和社会和睦的观念又都重放异彩。

不要以为这是东方道德对于西方文化的最后胜利。文明本来就是借鉴和发展的产物。社会问题不同，开的药方也不同。东方固然有和解的传统，可同时也有"法律虚无"的潜意识；它的确有集体主义的美德，可因此也有缺乏应有的权利观念的先天不足。设想东方各族人民都有强烈的法律意识，并敢于起来捍卫自己的合法权，千百年来，将有多少罪恶不至发生。19世纪以来，东方各国先后经历了巨大的社会变革，开始进入工业时代。法制的西方化正是这一转变的客观要求和重要标志。然而，"立法者的工作，虽为国家的发展所必需，但不可能在短时间内改变人们千百年来形成的、同宗教信仰相连的习惯和看法"（第467页）。现在所谓伊斯兰法或印度法，其统一性与其说是国家法的统一，不如说是宗教法的统一。尽管这些社会流行的法律是西方化了的世俗法，主要法院也都是适用这些世俗法的机构，但社会观念和意识还保有浓厚的传统色彩，甚至残存的宗教法仍在社会中据有一席之地。这些都构成现代法发展的巨大障碍。至于中国、日本等国,由于历史、文化的原因,没有出现宗教法与世俗法并存的法律二元。但在这些国家,传统观念的顽固性并不亚于印度或任何伊斯兰国家。依此情形,莫说法制的彻底现代化,就是使现有法律切实地发挥作用也还有一段艰难的路程要走。根本上说,还是观念的更新没有完成。今天,在认识和改造传统文化的基础上选择自己的现代化之路,是这些国家面临的共同问题。

"所谓现代化(经济改革)就是自我改造的过程。改造的手术不经过痛苦是不行的。"(日本1956年度《经济白皮书》)这是一条真理。

情理·道德·自然法[*]

冯友兰先生在其近著《三松堂自序》里讲了件有趣的故事，说的是光绪年间他父亲在县官任上判的一个案子。这件案子是关于三角恋爱或多角恋爱的事。审讯之后，冯老先生写了篇四六骈体的判决书，先叙述了事情的经过，尔后作出判决：

> 呜呼！玷白璧以多瑕，厉实阶离魂倩女；蛰朱丝而不治，罪应坐月下老人。所有两造不合之处，俱各免议。此谕。（冯友兰：《三松堂自序》，北京：生活·读书·新知三联书店，1984年，第20页）

据说，判决一下，一县为之传诵。看来，冯老先生不失为一个明智通达、体恤民情的父母官。这在当时也确属难能可贵。不过，若仅从法律的观点看这个判决，应该注意的就是另一些

* 原载《读书》1986 年第 5 期。

问题了。首先,判决所依据的并非法律条文,而是情理;其次,私情也在国法之内;再次,四六骈体文与司法判决之间并无何种明确界线。再进一步看,这三点也还是表面现象,实际上,三者同出一源,都是古代中国道德法律化、法律道德化的结果,而道德与法律的特殊结合实在是理解中国古代法的关键所在。这个问题当著文作专门研究,这里,侧重于中西比较,谈谈法与道德的相互影响及其结果。

法与道德同是人类古老的行为规范,二者之间并无绝对的界限。在最早的国家形态中,法律、道德以及宗教、巫术等往往混淆不分,而且,即便以后有了法律与道德的分野,二者也因时因地互有消长。再者,法律与道德,或一致而相益,或抵牾而互碍,绝不是互不相干的东西。所以,我们两千年以前的先贤圣哲就极重视教化与刑惩的关系,并有详尽而深入的讨论,后人鲜有能脱出其窠臼者。不过,对这个问题的关心并非中国独然,西方也有这种传统。古希腊著名思想家莫不重视法律对人类道德生活的影响,并常以这种影响的结果来评价城邦法律。这一传统在中世纪的反映是把人类法导向德行目标的神学观,在18世纪,则是康德主张加强法律正义,最终实现道德正义的思想。当然,最能够表现这一传统,而且本身就构成这一传统主干的,是所谓自然法的观念。

关于自然法,《不列颠百科全书》有这样一种定义:

就一般意义而言,它指全人类所共同维护的一整套权

利或正义。作为普遍承认的正当行为的原则来说，它通常
是"实在法"，即经国家正式颁布并以一定的制裁来强制执
行的法规的对称。（第十五版第十二卷）

这就是说，自然法并非实证意义上的法律，毋宁说它是一
种正义论，一套价值体系。在西方历史上，这套价值体系先是
同自然－理性相连，继而与上帝－理性相接，最后与人－理性相
合，它始终高于实在法，被看作实在法的根据。特别可注意者，
自然法理论并非哲人们书斋里的清谈，而是能动的历史要素，
不了解这一点，就很难理解西方社会的政治革命和法律变革所
取的特殊形式。

由上面关于自然法历史地位的简述，可以归纳出它的三个
表征：它是一种普遍有效的道德体系；它高于俗世统治者制定
的法；它对实在法有深刻的影响。仅此三点，只是谈到道德与
法的一般问题，并未涉及特定文化结构，因此，以之评价古代中
国的纲常名教亦无不妥。但实际上，自然法的概念是独特的，
中国没有，其他古代东方文明也不曾有过与之相同的概念。换
句话说，道德观念的丰富内涵在古代中国和西方大异其趣。这
一点正反映出中西文化的基本差异，由此也产生了社会观念和
制度上的种种差异。要弄清这些差异，我们就不能满足于上述
简单定义，而须作进一步的探讨。实际上，从古希腊智者到近
代启蒙思想家，从斯多噶派的自然法思想到当代西方各种正义
理论，自然法的概念本身也是变动不居的。不过，在构成自然

法学说的共同要素中，有几个概念是最基本的。第一是自然，第二是理性，第三是正义，第四是平等，第五是法。其中，自然、理性、正义的含义相同。传统上作为一种道德的自然法主要就由这五个概念构成。

1755年，卢梭完成了他的不朽之作：《论人类不平等的起源和基础》，据说，伏尔泰事后致函卢梭，说读毕大作，便想用四足行走。这当然是对卢梭讴歌自然状态的讥嘲。不过，这种意义上的自然，在我们古代经籍中亦不难见到。的确，卢梭关于自然、文明、情欲、法律的许多议论，若孤立地看，与两千年前老子的言论有惊人的相似处。所不同者，老子说的自然与理性和正义无涉，也全然没有自然法的意蕴。下面谈到自然法之作为正义论及其起源，这一点就更清楚了。

对于理性的观念，我们也不算生疏。就民族言，历史上虽有外来的佛教和土生土长的道教，我们毕竟不算是宗教迷狂的民族。就个人言，孔夫子不语怪力乱神，且置事人于事鬼之前之上，开了后人讲求理性的风习。当然，古代典籍中屡见不鲜的"理"有其独特的意蕴，并不就是西方文化意义上的理性，也与自然、正义等观念不相干。而且，我们的理性主要是康德所说的"实践理性"，不像西方，有发达的纯粹理性作基础。换言之，希腊人的理性是以那个社会当时的自然观、社会观作前提的。所以，要懂得自然法，弄清其中理性的含义，还须考察另一个重要概念：正义。

正义这个概念我们完全陌生。因为，只有发达的政治生活才可能产生正义的概念,而古代中国,严格说来却不曾有过政治生活。希腊社会的核心概念是城邦,按照亚里士多德的说法,"城邦的一般含义就是为了要维持自给生活而具有足够人数的一个公民集团"([古希腊]亚里士多德:《政治学》,第 113 页)。而全称的公民则是"有权参加司法事务和治权机构的人们"(同上,第 111 页)。可见,公民的概念纯属政治的范畴,城邦只是由特定公民集团组成的政治实体。构成一个城邦之本,并使它区别于另一个城邦的,是它所采用的政体。而所谓政体,不过是国家的统治形式,即其公民行使政治权利、参与国家管理的方式。由于存在着公民之间的利益冲突,自然就出现了哪种政体是"最好"的问题,正义的观念就以这样的方式被提出和讨论。所以说,正义的观念是公民社会的产物,是社会政治生活发达的结果。

在古代中国,与正义概念最接近的大概是"公道"的观念。当一个草芥小民在衙门口击鼓鸣冤的时候,一定是想从青天大老爷那里讨一点"公道"的。所谓公道,无非是合于情理,但这情理绝不至同政治权利的观念有什么瓜葛。中国社会的基本概念是家,国只是家的延伸和扩大。一县之长是这一县人民的父母官,皇帝则是全国这个大家庭的家长,与之相应,臣民同时也成了子民,家的伦理规范遂成为国家法制之本。古人云:"天下之本在国,国之本在家。"(《孟子·离娄上》),这是因为治家与治国,理出于一。所以说,"其家不可教而能教人者,无之。故君子不出家而成教于国"(《大学》)。如此,就不难理解何以孔子的治国妙诀只有八个字:"君君,臣臣,父父,子子。"(《论语·颜渊》)这里说的,都属于传统的礼。礼的重要性并不在于它本身那套繁文缛节,而在于礼仪之后表现出来的那个秩序观。这种秩序,简单说就是长幼、尊卑、贵贱、亲疏的分别。礼的存在就是要确定和维护这种差别,因此又可以说,礼的第一个特点便是维护和制造不平等。这一点,与强调平等的自然法又恰成对照。

把自然与平等相提并论,这种做法亦始于希腊智者。但在希腊城邦国家的兴盛时期,哲学家们所谓平等通常不出于公民集团。直至公元前 3 世纪以后,才出现了一种人人生而平等的自然法理论,这一历史丰碑的建树者是斯多噶学派。斯多噶派认为,宇宙是合理的,并为理性所支配。理性的生活就是自然的、正义的生活,而理性并非公民所专有,而是每一个人都具有的属性。通过万民皆有的理性,人们可以认知宇宙的法则,达到普遍和绝对的正义。一位斯多噶派信徒,罗马皇帝马尔库斯·奥勒留(121—180 年)虔心向往"一种能使一切人都有同一法律的政体,一种能依据平等的权利与平等的言论自由而治国的政体,一种最能尊敬被统治者的自由的君主政府"。([英]罗素:《西方哲学史》[上],第 341—342 页)这种理想在古代中国是不可想象的。一个中国的君王可以是开明的、有力的,甚至是伟大的,在个人的智慧和魄力方面绝不弱于那个罗马皇帝,但他注定不能提出这样的理想。这正是文化传统的差别所在。当然,传统本身也是一定原因的结果,须知,历史的每一环都同时兼有原因和结果双重属性。作为西方文明统一性及其民主传统的要素,自然法的观念是历史的动因,但作为特定社会的特有产物,它本身也是结果。

早在希波战争以前,甚至还在梭伦改革之先,希腊城邦的党争就孕育着民主要求和平等观念。正好比在先秦诸子之前数百年的周公时代,家国合一、礼法并用的基本形态已然出现。所以,梭伦可以自豪地宣布:"我制订法律,无贵无贱,一视同仁。"([古希腊]亚里士多德:《雅典政制》,第16页)又所以,希罗多德坚称:"自由与权利的平等实乃绝好之事。"(《历史》第五卷第78节)相反,贵贱、尊卑、长幼、亲疏之无别,最为儒者所痛恨。荀子云:"幼而不肯事长,贱而不肯事贵,不肖而不肯事贤,是人之三不祥也。"(《荀子·非相篇》)其实又岂止是人之不祥,简直是有害于天下呢。公道与正义的差别,中西价值观的不同,由此可见。

自然法观念蕴含的最后一个重要概念是"法"。在英语里,自然法之法与通常所谓法律之法是同一个字。然而,自然法又确乎是作为与实在法对称的正义论,是等同于道德的价值体系。称之为法恐怕有两点原因:其一,法与正义有密切关系;其二,法在社会实际生活中的地位堪称重要。因此,自然法的拥护者要借法之名予其正义论以崇高地位和无上权威。在古代社会,法与道德同是维系社会的重要纽带。古希腊人当然是有道德并重视道德的,但是,发达的政治生活仅有道德是不够的。柏拉图所幻想的哲学王的统治毕竟只是理念世界的幻影。唯有法律这种"没有感情的智慧"(亚里士多德语)才可能平衡社会各阶级的利益,使社会不至于因它们的争斗而归于毁灭。众所周知,古希腊的民主是建立在奴隶制基础之上的,所以,这个社会的第一对重要概念就是奴隶和自由民。自由民之为自由,是因为他享有法律规定并加以保护的若干权利。同样,公民(较自由民更少)资格的确立决定于依法享有政治权利的有无。因此,希腊城邦有发达的自由意识和发达的宪法,公民的平等首先是法律上的平等。公元前594年梭伦改制的内容被写成法典在市场上立柱公布;而伯利克里斯时代的雅典人则以得在法律面前一律平等而自豪。对此,我们的先人无法理解。这并不是说,中国古代没有法的概念,而是说,中西法的概念在性质上有根本的差异。

汉字"法"古时写作"灋"。《说文·廌部》:"灋,刑也,平之如水,从水;廌,所以触不直者去之,从去。"据说,廌是一种状似牛的独角兽,生性正直,古时判案决疑以被廌触者为败诉。可见,中国古代的"法"含有公正之意。不过,同样清楚的是,古代所谓法侧重于刑,而与自由人或公民权之类概念完全无涉。从法家使用这个字的意义来看,法是一般的行为规范,与作为个别行为规范的礼相对。它的内容主要是刑、赏二字。"刑过不避大臣,赏善不遗匹夫"(《韩非子·有度》)这便是法家的理想。这里,无分尊卑贵贱的法不正体现着公正平直吗?中国古代所谓法的全部公正不过如此。可惜,中国法律史上,法家得势好景不长,它所推崇的皆断于一的法观念也只是昙花一现。若论观念的发达,当首推刑、律,而不是法。以这种法观念和公正意识,比之古希腊人的法律意识和正义论,其间的差异不可以道里计。诚然,造成差异的原因不在法律本身。上文说过,中国古代原无所谓政治生活。它既无自由民的概念,也没有什么公民意识,只有良民、贱民之分。说古代中国没有自由民集团,这是事实,说它不曾有过自由意识,也不为过。公元前5世纪的希腊悲剧家埃斯库罗斯为歌颂抗击波斯人的雅典将士写下这样的诗句:

> 去吧! 赫拉斯的孩子们! 去保卫祖国的自由! 为了我们的孩子、我们的妻子,要保卫自由!(《波斯人》)

中国历史上也有抗暴伐无道之事,如商汤之伐夏桀,虽然师出有名,指导思想却全然不同,且听商汤的说法:

> ……尔尚辅予一人,致天之罚。予其大赉汝! 尔无不信,朕不食言。尔不从誓言,予则孥戮汝,罔有攸赦。(《尚书·汤誓》)

赏罚分明,却不见半点自由的气息。这是因为,此所谓"法","直刑而已"。而在西方社会,法律自始便与自由的概念相连。博雪说得好:

> 自由这个名字,在罗马人和希腊人的想象里,就是这

样一个国家：那里的人只受法律的约束，那里的法律比人
还要有权力。（《万国史论》，转引自［法］孟德斯鸠《论法的精神》，
第 331 页注 35）

无怪乎孟德斯鸠把自由说成依法行事的权利。这是一种
传统，也切合希腊城邦国家及其法律产生的实际。相反，古代
中国没有产生同样意义上的法，是因为它没有产生类似希腊自
由民（其中又有贵族和平民）那样的阶级，它自始就没有自由的
观念，没有须由法律来确立和保护的政治权利。现实的社会关
系无论怎样纷杂，皆不能逸出君臣、父子、夫妇、兄弟、朋友五种
基本关系的范畴。伦常的观念支配了一切。所以儒法之争落
在实处就成了德刑之争，问题只在于采用哪一种统治工具更
好，而不是改变社会结构以及相应的观念，用法律造出一套权
利来。显然，法家并不比儒者高出一筹，在中西文化差异的背
景之下，儒法之争倒成了中国传统文化统一性的绝好注脚。

由此可见，自然法之为道德与儒学意义上之道德，二者内
涵实在不同。在希腊，自然法实为政治正义论，乃是社会化、政
治化的道德；在中国，儒学核心为纲常名教，乃是家族化、伦常
化的道德。所以，人们在希腊看到的是家与国的分离，是对权
利的重视；在中国看到的是家与国的融合，是对义务的强调。
同是道德，表现不同，性质不同，对社会的影响也不同。

源于希腊智者，成于斯多噶派的自然法观念乃是西方社会
最宝贵的文化遗产之一，它对于后来西方社会政治、法律制度

和观念的影响,完全可以同儒学对中国政制的影响相比。在这里,自然法也好,儒学也好,都成为确定的文化传统,同时又是创造新文化的动因。所谓文化传统的异同,就是这样产生的吧。

自然法观念的产生和传播,确立了这样一种理论模式:自然-理性-正义的自然法是普遍和永恒的存在,人们可以通过理性认识它,并能够在人类制定的法律中反映它的要求。这个模式具有三重特点。

首先,这一模式本身即蕴含有革命性,或至少是批判性。所以,它产生伊始就被用来批判奴隶制。智者阿基丹马曾说:"神让一切人自由,自然并没有使任何人成为奴隶。"另一位智者费勒蒙说:"根据自然,没有一个人生而为奴隶。"(转引自吴恩裕《西方政治思想史论集》,第36页)这种自然-平等理论在斯多噶派手中臻于完善,并影响到古代罗马的思想家和法学家。当时最著名的法学家之一乌尔比安就持这种看法。虽然奴隶制度不会因此而被消除,但自然法学说对于罗马法学家破除其狭隘观念,在陈旧落后,只适用于罗马公民的市民法之外,发展出一种适应社会要求的、普遍适用的法律——万民法,却有重要的意义。近代,自然法观念的革命性作用更加显明。格老秀斯、洛克、卢梭、孟德斯鸠等人都是自然法的拥护者。他们的政治观点虽不尽相同,却都是站在资产阶级启蒙思想家的立场上,以自然-理性-正义之名批判旧制度。1776年的美国《独立宣言》把独立与平等说成"自然法则"和"自然神明"的规定。1789年的法国《人权宣言》第一条宣称：

> 在权利方面，人们生来是而且始终是自由平等的。

第二条指出：

> 任何政治结合的目的都在于保存人的自然的和不可
> 动摇的权利。这些权利就是自由、财产、安全和反抗压迫。

这当然是借古人的语言来说资产阶级的话，但这语言的精粹也是无可否认的。

儒家成就的一套价值体系也曾对中国古代法律产生深远的影响，但它在本质上是保守的。因为，纲常名教不是抽象的理论模式，而是具体切实的道德规定。后人至多只能在古人写就的经籍里面探赜索隐，发掘其中的微言大义，却难以借助自由的形式阐释新世界的理想。固然，欲宣明新世界的理想，首先须看到新世界的曙光。在西方，由原始部族而奴隶社会、封建社会，进而资本主义社会，进化阶段判然可分。在中国，两千余年，却是一种模式下来，未见有新世界的曙光，也无由发布新世界的宣言。但是，以常驻不变的纲常代替普遍永恒的抽象模式，难道不会淹没主体意识，窒息其创造力吗？

自然法之具有革命性，立足于它与实在法的二元对立。这种二元性，既使得实在法的改进成为可能，也保证了实在法的独立地位。自然法的出现并不是为了取消实在法,城邦政治制度首先要靠实在法来维系。自然法只是永恒正义的象征,它可以推进实在法的发展,帮助人们实现或接近永恒正义,但不能取实在法而代之。历史上,人们对于这个所谓永恒正义的理解并不相同。古代的自然法只是智者的自然法或斯多噶派的自然法。中世纪的自然法是基督教神学的一个部分,是上帝理性和意志的法则在人间的显现。近代的自然法歧义颇多,但无一例外地满是资产阶级的权利要求。所以,哲学家和思想家更喜欢谈论自然法,探寻其中的正义准则,而多数法学家则可以对此不闻不问,只埋头去构筑实在法的技术体系。这也是社会的需要。在西方历史上,无论是在古代罗马,在11世纪以后的欧洲,还是近代资本主义社会,这个技术体系都是绝对必需的。

古代中国的情形恰好相反。因为治家的原则同时也是治国的圭臬,具体而微的道德规范只要赋予国家的强制力就一变成为国法。汉儒董仲舒以经义决狱就是一个好例。到了后来,礼刑合一竟成制度。中国古代法的典范《唐律》开篇首列十大罪状,称为"十恶",其中,纯属"齐家"的就有五条。《唐律疏议》:"五刑之中,十恶尤切,亏损名教,毁裂冠冕,特标篇首以为明诫。"可见,"十恶"之恶,最根本还在于其违礼。由此看来,古罗马法学家的功绩主要不在于实现所谓正义公平的观念,而在于建造了一个逻辑严密的形式法律体系。正好比希腊智者和斯多噶派的功绩不在其提出何种具体的正义规定,而在于他们创造的二元公式:代表着自然-理性-正义的自然法同实在法的对立。古代的正义要求已经过时,但容纳这一要求的形式体系却得以传世。在此意义上说,中国传统法律的悲剧主要不在其道德的法律化,而在其法律的道德化,在于它形式与内容的不分、道德与法律的混同。中国历史上不曾有过独立的法学家阶层,因为,法律不曾获得独立的发展,更不曾有过至高无上的地位。这一点,正是中西道德影响其法律的第三种差异。

古希腊人推重法律,尤重宪法,以之作为自由的保障和城邦政治生活的基石,这原是城邦政治发达的结果。所以,尽管其法制还不能说臻于完备,希腊人却颇以其法治原则而自豪。作为一种政治正义论,自然法之称为法正是城邦法观念的一种折射。如果说,一个城邦的法律对于这个城邦的人民来说是至高无上的话,那么,普遍永恒的自然法对于所有的理性生物来说也就是神圣不可侵犯的了。西塞罗说:

> 法符合自然的正确法则。它永恒不变,并具有普遍正确性。即使元老院、公民会议的决定也不能摆脱它所赋予的义务。对它进行说明和解释的不是外界,而是我们的内心。这个法,不管是在罗马或在雅典,不管是现在或将来,都没有什么不同;对一切国家和任何时代都具有不变的效力。([古罗马]西塞罗:《国家篇》)

这种代表永恒正义的法观念一经产生,立即就成为具有极大活力的能动要素,参与塑造了西方社会的法观念。所以,即使是在拥有专制大权的罗马皇帝身上，也可以看到这个统一文明的印记。罗马皇帝狄奥多西和瓦仑蒂尼安写信给地方长官沃鲁西亚努斯说：

> 如果君王自愿承受法律的拘束，这是与一个统治者的尊严相称的说法；因为甚至我们的权威都以法律的权威为依据。事实上，权力服从法律的支配，乃是政治管理上最重要的事情。（转引自《阿奎那政治著作选》，第123页）

在中国，最激进的法家人物也不可能作出这样的论断。因为，即使是最公正的法律也是在一人之下，这与古希腊时就出现的万人之上的法观念岂能同日而语。西汉时，廷尉杜周判案不依法律，专以人君意向为凭，有人责问："君为天下决平，不循三尺法，专以人主意指为狱，狱者固如是乎？"答曰："三尺安出哉？前主所是著为律，后主所是疏为令，当时为是，何古之法乎？"（《汉书·杜周传》）当然，中国的帝王也不能随心所欲，而且，历史上也不乏尊重法律的君主，但那只是为了实践"君子德风"的古训。践踏法律本身无辱明君的称号，但若有悖纲常名教，便是七品芝麻官也敢冒死以谏。因为，其权威的基础是伦常，不是法律。由此产生了一种奇特的法制，只说它不发达未免过于简单化。只有认真比较中西文化异同之后，在对文化作整体评价的基础上才可能确定它的位置。

18世纪，正当古典自然法学派的黄金时代，来自东方的文献、著述给启蒙思想家带来无数的灵感。古老而神秘的中国，竟成为理想中的人间乐园。因为，那里实行的是"自然法"。魁奈写道："在这个国家中，自然法达到了最完美的程度。"伏尔泰说："如果说曾有一个国家，在那里人的生命、财产和荣誉受到法律的保护，那便是中国。"（转引自许明龙《中国古代文化对法国启蒙思想家的影响》，《世界历史》1983 年第 1 期）这不仅是理想化了的中国，而且是西方化了的中国。毕竟，18 世纪欧洲启蒙思想家讴歌的并不是中国的三纲五常，他们所神往的纯粹是西方式的资产阶级理性王国。毫不奇怪，他们努力的结果不是使道德取代了法律，而是一种新型法律秩序的建立。实际上，19 世纪以后，出现于西方社会的那些结构辉煌且沿用至今的法典，正是古典自然法学派崇尚理性的精神产物。

文化传统于观念人心、典章制度，影响之巨之深，无过于此。

海瑞与柯克[*]

海瑞这个名字对我们来说并不陌生。喜欢看老戏的人可能都还记得他的脸谱，就是那些不光顾戏院的"现代派"，大都也因为20年前的一段公案熟悉了这个名字。但是说到柯克，恐怕除少数研究者外，知道的人就不多了。关于他，不妨多说几句。

爱德华·柯克（Edward Coke），1552年出生于英国诺福克郡的米勒哈姆。26岁那年，他投身于英格兰律师界，很快就出人头地。先后担任过下院议长、总检察长、高等民事法院首席法官、王座法院首席法官等要职，以后回到下院，还做过"反对党"领袖。当然，世人所知道的柯克，主要还是个法官和法学家。他精通法律，著述颇丰，其中四卷本的巨著《英国法总论》最为著名。一般认为，在17世纪的大变动时期，英国普通法所以得保持其连续性，并且由一种中古的法律，改造成为近代制

※ 原载《思想家》创刊号，1987年。

度,他有不小的功绩。这便是柯克。真实是没有问题的,只是乏味了些。好在,他还有另外一面,这一面,不是学究气的,而是激动人心的。这一面的柯克是个咄咄逼人的斗士。他坚决主张普通法高于一切,自然,也包括国王。他这立场已自激进,偏又生就一副倔犟性格,敬酒罚酒都不吃,使得国王大伤脑筋。虽然柯克到底因此丢了官,但是他的主张却没有化作烟尘随风飘散,而是潜入人心,武装了整整一代人的思想。英国的宪政就是靠了他这种人的努力,一点点成为现实。《简明不列颠百科全书》的条目撰写人说柯克在捍卫普通法、反对王室特权方面"功劳卓著",是有充分依据的。

　　把海瑞同这样一个英国倔老头摆到一起,大体上有两条理由。一个理由是年代的。海瑞与柯克虽然不是同龄人,却可以算是同时代人;另一个理由是个人际遇的。这方面,两个人有更多的相近之处。比如,都是国家重臣,都做过司法官,也都曾不避利害为民请命,因为同样的不屈不挠精神获罪于君主,遭受了种种磨难,而最终的结局似乎都还"过得去",等等。有了这两条,便有了比较的基础。

　　比较的基础必定是相近或相同点,比较的目的却可以是求异。就说海瑞与柯克,同为人臣,对君主的态度一样吗?同是鼎鼎大名的司法官,对法律的看法一致吗?同样被罢官免职,迭遭坎坷,历史的命运也一般无二?如果是不一致也不一样,那么差异又在何处?为什么会形成这样的差异?它们有着怎样的意义?如此等等。这样一层层剥下去,大概会触到历史的真面目。至少,我们的思虑就不会仅仅停留在"我们也有"的水平上了。

先说他们对待君主的态度。在这方面,两人既有惊人的相似,又有深刻的差异。两相比照,适足发人深省。

海瑞是古时有名的谏臣。据《明史·海瑞传》,他曾上疏批评嘉靖皇帝,态度之激烈,言辞之尖刻,都是少见的。他自知此举会触犯圣上,难免一死,便预先准备了棺木,诀别过妻小,坐待诛戮。这等孤忠与刚直简直到了不近人情的地步。异国的柯克不似这样刚烈,但他抵制国王特权时的大胆与坚定也同样令人钦佩。事情起因于普通法法院与当时各特权法院在管辖权问题上的冲突。先简单交待背景。

普通法即普通法法院适用的全部判例,形成于 13 世纪前后,其形式颇严格,缺乏弹性,难以满足社会的要求,因此有衡平法补充在后(形成于 15 世纪后)。衡平法法院由大法官厅发展而来,其根据为国王司法特权,与普通法无干。至 16 世纪,国王地位上升,特权法院种类及数目亦大增,它们与普通法法院的管辖权之争也就愈演愈烈,终于酿成 1612 年 11 月国王与普通法法官们的一场冲突。国王认为,他有权将普通法法院的诉讼提归他本人或他的代理人直接处断。对此,柯克予以坚决抵制。他曾得意地记下了当时他与国王的一段对话:

国王接着说,他认为法律是基于理性的,他本人和其他人跟法官一样也都有理性。对此,我回答说,确实是这样,上帝恩赐陛下以丰富的知识和非凡的天资,但陛下对英王国的法律却并不熟悉。对于涉及陛下臣民的生命、继承权、货物或其他财物的案件并不是按天赋理性来决断的,而是按特定的推理(即人为之理性——引者)和法律判决的。人们要懂得法律必须经过长时的学习并具有实践经验……对此,国王勃然大怒,并说,如此说来他必须受到法律的约束了。他说,这种说法构成了叛国罪。对此,我说,布莱克顿说过:"国王不应服从任何人,但应服从上帝和法律。"(转引自[美]萨拜因《政治学说史》[下],第509—510页)

柯克在说了这番话之后不久,就被调任,做了王座法院首席法官。詹姆士一世想用这个办法笼络住他,无奈柯克并不买账,依然与王室作对,国王只好罢了他的官了事。

与柯克相比,海瑞的遭遇更富有戏剧性。他先是被问成死罪,但是未及行刑,嘉靖皇帝便撒手归西,留下这么个难缠的臣子,正好成了万历小皇帝第一批赦免、奖掖的对象。这个结局至少表明,海瑞的"骂"并非无理取闹,而是"据理力争",否则他如何博得圣上的青睐?柯克的情形亦复如此。不然,詹姆士一世何以对他如此礼遇,而不直接送他上断头台?看来在他们身后,确实有着某种权威,就连皇上也要礼让三分。这种权威便是传统。海瑞敢于秉笔直书,柯克勇于坚持己见,正是依凭了传统的权威。

哪里有文明,哪里就有传统。但是传统与传统却可能大相径庭。海瑞倚赖的是礼,柯克捍卫的是法,这就是两样截然不同的传统。

礼是家族化的伦常,又是家国天下的纲纪。作为由血亲关系推衍扩充的自然体系,它是义务本位的制度;作为包罗万象的普遍秩序,它又是天地人间第一种神圣的权威。在这个权威面前,皇帝老子也不能恣意妄为。在我们的历史上,皇帝因其行为的不合礼而遭讽谏、劝驾甚至公然抵制的事例很多,其中以皇帝的让步、屈服而告终的亦非少见。因此说古代帝王亦不能为所欲为,礼便是加于他们的限制,那总是有些道理的。不过,倘若因此便认为,根据礼,臣子有权评判君主的行为,那却又大错而特错了。礼原本是义务本位的规范体系,怎么容得下以下犯上的权利主张?它固然要求君"敬",但是更要求臣"忠"。君为臣纲,这始终是礼的第一要义,也是古人心目中第一种神圣秩序。"臣闻君者,天下臣民万物之主也",海瑞上疏中这第一句绝非套话,而是海瑞信守的原则,否则,他的为人便是不可理解的了。海瑞的确是不留情面地批评了"当今皇上",但他并非(也从来不曾想)向这权威挑战,相反,他只是身体力行地去履行一个好臣子的职责。他写上疏之所以理直气壮,言之凿凿,无非自谓是在尽忠。而他所以要思虑再三,乃至备棺木,别妻子,又说明他深知尽忠可能付出的代价。不管怎么说,这毕竟不是一种权利。所以,海瑞后来被定罪下狱这一节可说是事件的自然发展,并无突兀之处。后人读史至此大都会扼腕痛惜,却不觉其意外,也是这个道理。

　　柯克的情形不同。他主张的是法而不是礼。这可不是用词的不同，而是有实质性差异的。自然，这里说的法，只是西方历史上的东西，说得确切一些，是西方中世纪的观念和制度。这样的法，虽然也被人奉为神圣的普遍秩序（就像礼在中国一样），那多半是因为它与宗教联系密切，跟家族的伦常实在没什么关系。此外，它也不像我们的礼那样以义务为本，而是权利与义务的基本分配手段。这两条自然还不足以让我们弄懂中古的法律观，下面不妨作进一步的述说，这对我们了解柯克的立场大有好处。

　　根据古老的日耳曼传统，法律并非任何人的独占物，它属于全体民众。当时，这还不像后来人们所说的，法律是公意的体现，它的意思毋宁是说，人民生活于其中的共同体，乃是其法律的产物。这种法律独立于国家、君主，早在无法追忆的年代就已存在。人们只能"发现"它，把它公之于众，却不能够"创造"或改变它。这是其一。其二，法律无所不在，它不但是个人间联系的纽带，也是整个民族组织的原则，每个人都必须遵循它，国王也不例外。这跟说中国的君主也应遵从圣贤教诲或祖宗成法不同。我们的皇上乃是"天下臣民万物之主"，礼所赋予他的权威几乎无边无际，加于他的限制却只具道义上的效力。相比之下，法给予中世纪西方君王的权威便有些微不足道了。在那里，君主固然有一个比较尊贵的地位，但他不可能具有绝对的权威。法对每个人都有约束力，这意味着，它"向每个人保证他在所处的地位上应享受的特权和权利以及豁免权"（［美］萨拜因:《政治学说史》[下],第252页)。这里,国王和臣民各自享有的权利虽不相同,但却同样受着法律的保护。用柯克的话来说,"国王不能凭借禁令或命令宣布过去不构成违法的行为违法"。如果国王凭借自己的优越地位,将臣民们受法律(常常只是习俗、惯例)保护的权利(包括先王宣布为本国法律中的权利)置诸不顾,那便违反了法律,而他是应当受法律约束的,因为他的一切都来自法律。"法律造成君主",这是中世纪流行的格言。它与柯克曾引用过的那句名言——"国王在一切人之上,但在上帝和法律之下"——同出于布莱克顿(Bracton)之口。这位布莱克顿乃是13世纪一位高级教士,亨利三世麾下一名王室法院法官。他的名著《英格兰的法律和习惯》被人尊为英国普通法的开山之作,极有权威。这本书里还有不少类似上述格言的言词,常为后人引用,比如下面几段:

> 没有法律就没有国王。([英]弥尔顿:《为英国人民声辩》,第172页)

> 国王本人不应受制于任何人,但他却应受上帝和法律的约束,因为造成国王的是法律。([美]萨拜因:《政治学说史》(下),第265—266页)

> 在执行法律时任何人的权力都不能大于国王,但国王如果犯法就应像最微贱的平民一样受到法律的制裁。([英]弥尔顿:《为英国人民声辩》,第172页)

> 国王在政府中有高于自己的权威的法律,也就是他登

上王位的法律,还有封疆伯爵和男爵组成的朝廷。封疆伯
爵就是国王的同僚,有同僚的人就有一个主人。因此,国
王如果没有法律加以约制,这些人就有责任约制国王。(同
上书,第172—173页)

自然,布莱克顿本人说这种话与柯克或弥尔顿引述这些话
意义有所不同。最先说这话的多半是在述说一种传统,后来的
复述者却是在表明某个主张:四百年前还是个文化问题,四百
年后却成了政治问题。柯克抬出了古人和传统,意在使国王服
从法律,在臣民的固有权利面前止步。换言之,他是要以臣民
不容侵犯的权利(亦即法律),划一道国君不得跨越的界线。这
就与海瑞不同了。海瑞虽然"痛责"嘉靖皇帝,到底是在尽忠;
柯克之反驳詹姆士一世,却是在争权。所以,尽管柯克言词文
雅,礼貌有加,不失英国绅士的古风,骨子里的东西却要比海瑞
的痛骂厉害百倍。这便是西方中世纪的法与中国的礼的不同。

西方法如此,中国法又如何? 不要忘了,海瑞也是大名鼎
鼎的法官。只比较中国的礼和西方的法而不提自家的法,岂非
有失公平? 问题在于,讲我们历史上的君臣关系,大可将法律
置于一边,因为君臣之间向来只有人伦关系(父子),而无法律
关系(契约)。更何况,我们祖先的法既不为民众所共有,也不
是神圣、永恒之普遍秩序。它只是单纯的强暴手段,是君主的
独占物。这样的法,只可以用来伸张君权,如何能够成为君权
的界限? 当然,海瑞也不曾想要限制什么君权,在他想象力驰

骋的范围之内,不可能有类似臣民的权利或者确认和保卫这种权利的法一类的念头。这是固有文化范式带来的问题,实在也怨不得海瑞。不过正因为有这一层关系,我们倒不妨把海瑞作一个点,去透视那所谓固有的文化范式。

说柯克是著名法官、法学家,那无疑是很大的褒奖。但是如果按我们传统的评品标准说海瑞是个法官,那肯定是大大辱没了他。应该说,他首先是个熟读经书的饱学之士,一个有儒家风范、堂堂正正的君子。他正是以这样的资格去做了百姓的父母官。在那期间,他总揽当地政府机关的一切政务,升堂问案只是其中的一项。而他在这方面所以名声大振,主要因为他秉公断案、与民做主的无私无畏,却不是由于他在组织、技术方面有何贡献。当然这也怪不得他。我们的司法制度原本不像英国普通法那般复杂,没有那么多政治的和民事的功能,也没有那么严密的组织和发达的技术手段。因为,我们的法律基本上只是礼的附庸,既不是用来维护人的权利也不能用以度量自由,更不是为处理复杂的商业关系而设计的,它的重点是在对农民的治理,其中的核心问题,则是社会秩序的安定。解决这类问题,无须依靠复杂的技术和组织手段。因此一般将圣贤教诲牢记在心的读书人即可以应付裕如。就说海瑞,他以举人出身而入仕途,没受过任何专业训练(因为没有必要而不是因为他"自学成材"),倒是熟读诗书,对既是立国之本又是个人生活指南的伦理精神有着纯正的理解。有了这一条,便具备了做一个好法官的基本条件,因为我们法律处断的所有问题,说到底

都是个善恶之争。海瑞既掌握了评判善恶的最根本的标准,就不会有解决不了的难题。当然,疑案总是有的,但有明确的处理原则:

> 窃谓凡讼之可疑者,与其屈兄,宁屈其弟;与其屈叔伯,宁屈其侄;与其屈贫民,宁屈富民;与其屈愚直,宁屈刁顽。事在争产业,与其屈小民,宁屈乡宦,以救弊也(乡宦计夺小民田产债轴,假契侵界威逼,无所不为。为富不仁,比比有之。故曰救弊)。事在争言貌,与其屈乡宦,宁屈小民,以存体也(乡宦小民有贵贱之别,故曰存体。若乡宦擅作威福,打缚小民,又不可以存体论)。[《海瑞集》(上册),北京:中华书局,1981年]

翻开大明王朝的法典,未必能逐条看到这些原则,但这不等于说它们没有法律效力,更不能说它们是非法和违法的。就实效而言,它们无疑是实际上的法律;就法理而言,它们也像正式律文一样有着伦理上的充分依据。它们具有弹性,因人而异,这不假。但对于我们这样一个合理化水平较低的社会来说,总还不至于造成一般社会生活的不便。而且,我们也无须担心因此出现"各自为政"的局面。我们古代的法制虽然简陋,但还是统一的。司法从属于行政,法律统一于礼教,这两方面又因为有着统一组织和同一意识形态的文官集团而得到保障。

海瑞对法律的态度是严肃的,但那不是因为法律本身是神

圣的,而是因为法律的贯彻关系到教化的成败。海瑞在表明了
他治理疑狱的原则之后接着又说,"上官意向如此,民俗趋之。
为风俗计,不可不慎也"。这是一种很现实的态度,隐藏其后
的,实际是对法律的嫌恶之情。如果历史可以按照人的意愿来
选择,海瑞肯定会选择一个没有法律的社会。理由很简单,我
们古代的法是用来治理民众的,其对象不外是些愚顽之徒。倘
若民风淳厚,人人揖让有序,法律自可以束之高阁。反过来看,
争讼成风必然是人心不古的征兆。因此之故,古往今来无数圣
贤心目中的理想社会,无不以"刑措"、"无讼"为其特征。海瑞
自幼诵习《四书》,自然深明此中道理。他曾就其治下淳安县的
诉讼情况发了这样一段议论:

> 淳安县词讼繁多,大抵皆因风俗日薄,人心不古,惟己
> 是私,见利则竞。以行诈得利者为豪雄,而不知欺心之害;
> 以健讼得胜者为壮士,而不顾终讼之凶。而又伦理不惇,
> 弟不逊兄,侄不逊叔,小有蒂芥,不相能事,则执为终身之
> 憾,而媒孽讦告不止。不知讲信修睦,不能推己及人,此讼
> 之所以日繁而莫可止也。[《海瑞集》(上册)]

这表明了海瑞对于词讼一类事发自内心的厌恶。如果可
以其他方式教化人心,又要法律何用? 这与柯克或布莱克顿的
看法相去之远,实在不可以道里计。

上面由海瑞与柯克去透视大的文化背景,我们看到两种不

同的文化范式,具体说,是中国的礼与西方的法,以及中、西法律的异同。相同者只是比较的基础,不同者才是真正有意味的东西。它们在一定意义上决定着民族的前途、文明的命运,自然也决定着其中每一个人,首先是我们的主人公——海瑞与柯克的前途和命运。

就个人来说,命运可以有两种。一种是直接的个人生活际遇,一种是个人活动在历史上的意义。这样两种命运在同一个人身上往往不能一致,这里有个历史问题,比较复杂。如果是把两个异种异族的人的命运作比较,问题就更复杂了,因为还有个文化问题。讲海瑞与柯克,必须考虑这个因素。

关于海瑞的一生,可以作这样的简单描述:耿直、狷介、廉洁奉公,严于律己,富有使命感;忠其君、爱其民,有强烈的自我牺牲精神;因此获罪于同僚,甚至触怒圣上,险些性命不保,但也因是名声大噪,乃是当之无愧的模范官僚。他的一生富有传奇色彩。从政不过二十余年,却有过数次大起大落。好在最后结局不坏。试想以他这样的性格,能以 74 岁的高龄在都御史任上寿终正寝,岂不是难得的事情!

与海瑞相比,柯克的经历似乎稍嫌平淡,但也不乏相似之处。他咄咄逼人的性格,惹是生非的脾气,同样地得罪人,也同样让君主感到头疼。他虽然因此丢了官,坐过牢,到底禀性难移。领着下院议员起哄,带头起草著名的《权利请愿书》,哪一件事少了他?尽管如此,他毕竟没有在蒙面刽子手的斧下或刺客的刀剑之下丧生,也可算是善终。

　　善终与善终其实也有不同,就说两人的心情吧。柯克于弥留之际作何感想,笔者不得其详,但是有理由推断,他即或不是充满自信,也一定是非常乐观的。因为在他去世的 1634 年,查理一世为获得议会拨款被迫接受《权利请愿书》(那是柯克平生最后一件得意事)已届 6 年,15 年之后,议会与国王开战,结果是把查理一世推上断头台。此后政局虽然又有反复,柯克的理想毕竟实现泰半。海瑞就不同了。他自 1585 年被重新起用,几乎事事不顺心。他忠心可鉴,却得不到君主的信任;节操可风,又难得一班同僚的理解。这种矛盾终其一生,很使他苦恼。在他生命的最后两年,他似乎失去了年轻时那股朝气、锐气和坚强自信,一连七次提出辞呈,看来,这位忠心耿耿的老臣在垂暮之年不但失望,而且绝望,有点“看破了”。自然,海瑞到底还是局内人,他的“看破”在今人看来未必很“透”,因此,今人眼中的海瑞反多了一层悲剧的色彩。

　　黄仁宇先生称海瑞为“古怪的模范官僚”,那是十分贴切的。严于律己本是海瑞的性格特点,身体力行地去实行古代圣贤的教诲,数十年如一日,更是他过人之处。但他因此却得了这个“古怪”的名号。按我们社会公认和倡行的价值准则来判断,他是当之无愧的“模范官僚”,但是若以人情来度量,他又往往是个让人敬而远之的怪物。“他的信条和个性使他既被人尊重,也被人遗弃。也就是说,他虽然被人仰慕,但没有人按照他的榜样办事。”(黄仁宇:《万历十五年》,北京:中华书局,1982 年,第 134 页)这是海瑞的悲哀之处,也是我们这个社会、这个文化的悲哀之处。我们这社会倡行的道德乃是两千年以前的圣人们制定的。依此行事，自然会有天下最美妙的社会。无奈这道德根本只是圣人道德，因此是认不得真的。海瑞自己认了真，这固然让人敬重，但他以同样的认真劲儿来对待别人，便不能不遭遗弃。问题在于，这道德又不只是私人间的事情，而且是我们立国之本。民风的淳厚也好，政府的廉洁公正与效率也好，其根本的保证，不在组织与技术，而尽在于此。这种以圣人道德为基点设计的制度虽则完美，却是种虚饰，足以败坏人心。坚持此种制度的政府亦只好一面唱着高调，一面容忍无数背离圣贤教诲的人和事。此时，我们的社会成了一个大大的假面舞会。"道德伦理是道德伦理，做事时则另有妙法。"（黄仁宇语）可怜那海瑞，竟要以一己区区之力，去补那注定要坍塌的大半边天。他就像是"舞台上的英雄人物"（黄仁宇语），以他真诚的表演引得观众们涕泪俱下，但是一俟大幕徐徐落下，观众们便由适才的云里雾里跌回到现实中来，于是一哄而散，各自回去干他们的旧营生，观剧之事，早忘得一干二净。还是黄仁宇先生总结得好："海瑞一生的经历，就是这种制度的产物。其结果是，个人道德之长，仍不能补救组织和技术之短。"（同上，第135页）这正是他悲剧命运的由来。

柯克没有这么不幸，但那不是因为品格、性情方面的缘故，而是因为，他根本不曾想要以个人（不管这个人是他自己还是包括国王在内的其他人）道德之长去补组织、技术之短。他的立场正好相反，他压根不信有圣人，或者，起码没有寄希望于圣人。他信赖自己的职业,胜于信赖国王。所以在他看来,尽管国王可能比一般人更为贤明,但在需要受过职业训练才能够应付裕如的司法事务方面,他却不能硬充一个法官。当然,问题主要还不在于维护职业的纯洁性,而在于保护英国人的"生命、继承权、货物或其他财物"的不受侵犯。在柯克看来,只有有着悠久历史传统和相对独立性的普通法能够做到这一点,而眼下对国王特权的抵制,就是在维护英国人那些固有的权利。显然,技术上的不信任后面还有人性上的不信任。海瑞信圣人而柯克不信,这也是促使他们作出不同选择的原因之一。

谈到选择,我们须特别慎重。因为在我们讨论的层次上,完全没有哲学家常说的那种自由意志,我们的主人公,也没有办法做出自由之创始。认识到这一点,我们可能少一分给柯克的赞美,多一分对海瑞的同情。我们的注意力会更多放在决定他们立场的文化范式上面。在这些范式面前,海瑞的壮怀激烈反让人生出悲戚之感,柯克的偏执与顽梗倒很少有人会注意。

萨拜因在《政治学说史》一书中说,"柯克之所以违抗詹姆士是由于他是一个彻头彻尾的保守派,甚至是个反动派"(第511页)。这话有几分道理。作为一个典型的17世纪普通法法学家,他心中完全没有议会主权的观念,他只承认普通法的权威,这种主张与后来英国的政治进程并不一致。但是议会主权也好,普通法至上也好,不过是两种不同的政治主张,他们的文化立场乃是接近甚至共同的。也就是说,在把法律视为普遍的秩序,看成权利、义务的分配手段和权力的基础这一点上,他们完全一致。比较柯克与海瑞的命运，这些才真正是决定性的。

我们的文化根本上是一种伦理文化，它与西方私法文化的不能相容，就在于它不但以义务为本，而且实际上没有权利这个概念。有谁曾听说过中国人有专属于自己而不容任何人侵犯的东西？因为没有而不知，因为不知则更不曾生出要这种东西的念头。在我们历史上，敢于犯颜直谏的忠臣虽然不能跟贪官、昏官、庸官相比，却也不算少，然而有谁曾经有意要把对皇上的批评确立为一种权利？做海瑞的"自由"是人人都有的，历史上的海瑞却屈指可数，这是很自然的，因为要做海瑞，先要有"要杀要剐由你"的决心，这岂是寻常人做得到的？当然做柯克也不容易，也要有殉道者的精神。不然在柯克遭逢厄运之后，他的同僚也不会个个噤若寒蝉了。尽管是这样，我们还是可以断言，柯克作为榜样，会比海瑞更有力量。因为，柯克毕竟是在肯定自己，争取自己坚信的什么东西。争取这东西也许很难，但是争取到了就再不会轻易失去。这样一步一步往下走，总会有实实在在的收获。说这是渐进也罢，到底是在实现历史的进步。由这方面看，柯克的罢官与海瑞的罢官意义完全不同。柯克丢官这件事，只是说明他作为法官还不曾有独立的地位，他维护法律的权利尚未得到保障。然而他不惜代价努力争取的，恰好就是包括这种独立性在内的各项权利。为这件事作出牺牲，应该说值得。1701年的《王位继承法》规定，凡称职之法官，非经两院奏请黜免得终身任职，这是英国法官终身制和司法独立的开始。此后，任何一个英国国王都不可能再像当年詹姆士一世对待柯克那样行事了。在这件事情上,柯克的功劳不可埋没。海瑞就不同了。他一生都在走"尽忠"这条路,那是在不断掏空自己,否定自己。就连他最可引为骄傲的"犯颜直陈"一事也是如此。尽忠的海瑞将皇上骂了一通,结果被锦衣卫拿下作了诏狱里的死囚,又被刑部议决按儿子诅咒父亲的律例处以绞刑。说句不大恭敬的实话,这倒蛮合乎他自己的逻辑。因为大家所依据的,其实是同一个东西,甚至海瑞以"要杀要剐由你"的必死决心去做的事情,也不过是去强化迫使他抱着"要杀要剐由你"的信念行事的那种秩序。这也是推动历史,但不是促其前进,而是令其"轮回"。可叹那海瑞,虽然侥幸捡回一条性命,到底无法祛除这"轮回"之苦,甚至在经历了晚年的失望乃至绝望之后,他还未能把这一点"看破"。这些,恐怕才是海瑞一生中最深刻的悲剧。

死亡与再生：新世纪的曙光 *

　　这是一个法学家写的历史书、哲学书。它的前身，是作者
1971 年在波士顿大学罗威尔神学讲座所作的一系列演讲。这
部书谈了法律，也谈了宗教，但不是流俗意义上的那种。作者
的意图，似乎只是要为解决他的国家和人民正置身其中的冲突
提供某种理论指导，然而体现于作者对问题把握之中的深邃的
历史意识与不同寻常的哲学领悟力，却使这部小书具有了普遍
的意义。

　　作者 H. J. 伯尔曼出生于 1918 年。那个年代出生的人，不
论西方人、东方人，都很容易染上"忧患意识"，伯尔曼此书中表
露出的危机感和对人类生存状况的强烈关注，大概也可以追溯
到他儿时的经验。毕竟，第一次世界大战标志着我们这个时代
的厄运。人类在短短 40 年的时间里面，接连遭受世界大战和全
球性经济危机的打击，它对于曾为这世界带来繁荣与希望的旧

＊ 原载《读书》1988 年第 5 期。刊出时略有删节。

秩序的信仰,便从根本上动摇了。人们突然发现,他们正置身于一个陌生的世界,在这里,旧日里熟知的信念意义尽失,即便理性本身也变得可疑,不足信赖。未来变得不可捉摸,当下也同样难以理解。从这里,产生出现代人的失落、荒谬感与焦虑,产生出 1950、1960 年代西方世界的一系列文化思潮与社会运动。

这是一个混乱的时代,也是一个探索的时代,其间充满了冲突,但也不乏有益的试验和真知灼见闪烁其中的预言书。H. J. 伯尔曼这部《法律与宗教》(*The Interaction of Law and Religion*)便是其中极富洞见的一本。

一

问题是这样提出的:生活的意义何在? 我们被引向何方? 这是真正的哲学问题,宗教问题。西方人所面临的危机正源自在这一根本问题上的困惑。在伯尔曼看来,这预示了西方文化行将崩溃的暗淡前景。而它的一个主要征兆,便是整个社会对于法律与宗教的信仰严重地丧失。这里,法律被看成用以解决纷争以及通过权利、义务的分配创造合作纽带的程序,宗教则被界定为对于生活之终极意义和目的的集体关切和献身。它们代表了人类生活中两个基本的方面,法律意味着秩序,宗教意味着信仰。没有法律,人类便无法维系当下的社会;失去信仰,人类则无以面对未来的世界。明乎此,我们就可以理解伯

尔曼所说西方社会中法律与宗教的信任危机竟是多么严重的
一件事情。

　　造成上述情形的原因是多种多样的，伯尔曼指出了其中的
一种，即在流俗见解当中法律与宗教的截然对立。这回，伯尔
曼再次表现了他观察问题的敏锐与独到。

　　通常认为，现代法律纯是世俗的、合理的，是用以贯彻特定
政治、经济和社会政策的工具，而与生活终极意义一类观念无
涉。在有实用主义传统的美国，这种观念尤其盛行。比如，有
人把法院的判决看成解决问题所作的试验，甚至把法看成"对
法院实际上将做什么的预测"。当然这只是极端一派的理论。
但就是像强调法律中绝对价值的哲理一派，它在解释法律诸基
本原则的时候，也只限于提供诸如人道主义哲学一类的说明，
全不谈人的情感、信念和终极关切。在另一方面，现代许多宗
教思想派别，无论是把爱看作对基督徒唯一约束的"爱之神
学"，还是认为基督徒应当依靠信仰而非法律来生活的所谓"信
仰神学"，或是强调神恩的唯信仰论的一派，都表现出排斥法律
的倾向。它们把法律与爱、信仰和神恩对立起来，认为二者是
互相排斥的。同样的立场也反映在一些世俗的社会运动如美
国的青年文化或反主流文化集团里面。它们强调爱、自发性和
激情，轻看乃至拒弃法律——分配权利和义务的程序与结构。

　　上面两种情形实际是同一种谬误的两个方面。给法律与
宗教一个过于狭隘的定义，而将它们截然对立起来，不仅大谬
不然，而且注定要摧抑人们对于法律与宗教的信任。因为事实

上,法律并不只是一套规则,它还是一种程序,一种活生生的社会过程。宗教也不仅是一套信条与仪式,它首先是对各种超验价值之共有直觉与献身。活动于法律与宗教之中的,非他,而是血肉丰满,既有理性和意志,又有情感与信仰的活生生的人。法律与宗教,实是人类经验或说人性的两个基本方面。"人类随时随地都要面对未知的未来,为此,他需要相信超越他自身的真理,否则,社会将式微,将衰朽,将永劫不返。同样,人类处处、永远面对着社会冲突,为此,他需要法律制度,否则,社会将解体,将分崩离析。"(英文原书第46—47页,以下援引该书只注页码)人类生活的这两个方面彼此制约,又互相渗透。它们处于对立之中,但是没有另一方,则任何一方都不能够完满。宗教因法律而具有社会性,法律因宗教而获得神圣性。"没有信仰的法律将退化成为僵死的教条","而没有法律的信仰……将蜕变成为狂信"。(第47页)不幸,这正是西方社会今天所面临的危险。

在最近两百年里,西方的法律正不断丧失其神圣性,日益变成纯功利的东西。与此同时,西方的宗教也逐渐失去它的社会性,慢慢退回到私人生活中去。正义与神圣之间的纽带开始断裂,它们正变成两种互不相干的东西。然而,仅凭理性的推导与功利的计算,怎能够唤起人们满怀激情的献身?不具有神圣意味的法律又如何赢得民众的衷心拥戴?"法律必须被信仰,否则它将形同虚设。"(第14页)虽然还不能说今天西方的法律已变作一纸空文,但是诸如犯罪一类严重社会问题的存在,不也反映出法律的无能吗?至于宗教,没有组织,不依靠程序,它如何应付外部世界的压力，又如何有效地维护和传递自己的信仰？1960 年代于美国各地大量出现的自发性地方团体如公社，不正是因为它们的反法律倾向而屡屡受挫，因此往往一现即逝吗？所有这些，都可说是割裂法律与宗教所生的恶果。当然，仅仅认识到这一点是不够的，还应当说明原因的原因，说明人类经验中两个基本方面是怎样变成现在这个样子的。

二

　　西方文明始于希伯来。希伯来的法律与宗教是不分的。《摩西五经》所记载的，既是上帝的诫命，又是人间的法律，这就是律法。在西方文明的这一时期，法律与宗教共享同一种仪式、传统，且具有同样的权威与普遍性。人类早期的这段历史似乎预示了未来社会中法律与宗教的某种性格。

　　伯尔曼由人类学立场出发，认为在所有文明里面，法律（虽然可能完全与宗教分离）都与宗教共享四种要素，即仪式、传统、权威和普遍性。它们象征着法律的客观性，标志着法律的衍续性，体现了法律与绝对真理之间的联系，因而使法律得与某种超验价值相通。它们所引发的，不是道德或法律的推理与判断，而是人们的法律情感，是把法律所体现的正义理想视为生活终极意义之一部分的充满激情的信仰。任何一种法律，倘要获得完全的效力，就必须使得人们相信，那法律是他们的，而要做到这一点，则不能不诉诸人们对于生活的终极目的和神圣事物的意识，不能不仰赖法律的仪式、传统、权威和普遍性。最能够表明这一点的乃是传统。

西方的法律传统深受基督教的影响。这种影响早在罗马皇帝皈依基督以前就已开始。这是一段漫长的历史，可以写成一部大书（伯尔曼后来确实做了这项工作）。简单些说，伯尔曼在书中提到的"过去两千年间历尽艰辛建设起来的西方法学的伟大原则"，如不合作主义原则、旨在使人性升华的法律改革原则、不同法律制度并存的原则、法律与道德体系保持一致的原则、财产神圣和基于个人意志的契约权利原则、良心自由原则、统治者权力受法律限制的原则、立法机构对公共舆论负责的原则，等等（第72页），都与西方历史上基督教的发展有密切的关联，有些甚至是由基督教的历史经验和教义中直接引申出来的。比如为美国宪法中一系列权利条款奠定基础的，就主要不是启蒙学者们美妙的理论，而是早期基督教殉道者反抗罗马法律的勇敢实践，是17世纪清教徒保卫其信仰和良心不受侵犯的无畏抗争。用伯尔曼的话来说，现代西方国家的法律制度（也包括苏联的法律），就是建立在过去两千年中基督教所创造的各种心理基础和许多种价值上面的。（第73页）

今天的西方人似乎忘记了这段历史，更不曾从中得出富有教益的结论。法学家把法律看成纯功利的工具和手段，把它归入"工具理性"的范围之内；神学家把宗教看成超越程序与组织的信仰、爱和恩典，把它与法律对立起来。这一切究竟是怎样产生的呢？伯尔曼指出了比如神学家们对于教义的误解，并且

——予以澄清，但更重要的是，他抓住了隐伏在法律与宗教截然对立后面的东西，那就是建立在主体与客体、意识与存在的对立基础上的二元思维模式。

西方的二元论思想早在 11 世纪末圣安瑟姆"先信仰而后理解"的格言里已露端倪。五百多年以后，它又在笛卡尔"我思故我在"的名言中找到了"科学"的表述。伯尔曼以为，过去的九百年正是一个"我理解"和"我思"的时代，是首先把上帝，然后是自然，最后是社会视为外在于思维主体的客观实在的时代。（第 111 页）这个时代的特征便是主观与客观、本质与存在、精神与世俗、理性与情感的截然两分（在某种意义上，宗教改革以后个人主义和民族主义的兴起，世俗化与合理化的进程等，都可以看作这类思想特征在社会–历史中的显现）。在这样的时代里面，法律与宗教的彻底分离原是不可避免的。

三

割裂法律与宗教带来的灾难，标志着一个旧时代的终结。而要重新统一法律与宗教，首先必须克服渗入了一切分析形式的二元论思维模式。这种克服不是简单地向以往的历史复归，而是在更高的水准上达到辩证的综合。伯尔曼认为，新的时代将是一个"综合的时代"。

在这个时代里面，"'非此即彼'让位于'亦此亦彼'。不再是主体反对客体，而是主体与客体交互作用；不再是意识反对存在,而是意识与存在同在;不再是理智反对感情,或者理性反对激情,而是整体的人在思考和感受"(第114页)。这意味着法律与宗教都将扩展到其他学科、行业和社会进程,意味着法律与宗教的解释者、观察者不再把它们看成认识对象,而把它们理解为自己也参与其中的事业。如此,则法律与宗教的固有畛域必将消失,正义的便是神圣的,神圣的便是正义的(在最高的层次上面),否则,既没有正义,也没有神圣。

在伯尔曼看来,这便是未来的新时代。然而要进入这新时代,仅凭综合是不够的,还必须有对于新时代的信任,有全身心的投入,而这就意味着整个社会的新生与再生。这里,伯尔曼提出了再生的概念,从而把我们带入到一种深邃而又充满激情的经验之境。

这是一个社会精神上的死亡与再生,这种死亡与再生不只是观念与行为或者意识形态的激烈改造,而是超越法律和宗教的。"一个体味过这类经验的社会承认,它的生存条件是难以忍受的,它承受自己以往的失败,自甘消解;然而同时,它超越了它的过去而复生,展示出新的天堂和新的尘世,并且着手尝试着把它新的信仰作为自己的生存方式。"(第120页)伯尔曼把这种体验比作佛陀在出家求道过程中体验到的那种"顿悟",比作十字架上基督口诵诗篇中所描述的绝望与获救。而这,正是西方社会在诸如1789年和1917年曾经有过的体验。在某种意义上,也是整个人类今天可能会有的体验。

表面上看,20世纪的人类较以往任何时候都更富足和强大，但实际上，我们又可以说它比任何时候都更匮乏和孱弱。它创造出了足以毁灭自身的力量，却失去了对这力量的控制；它能够告诉我们几十万年以前和以后行星的某种变化，对于自己的命运却茫然无知；它还没有完全摆脱贫困，却又直接面对着生存的危机：人口危机、能源危机、生态危机、核战争的危机。除此之外，还有许多令人苦恼的地区或者全球性问题：种族问题、宗教问题、都市问题、犯罪问题、代沟问题、两性问题、公正问题、效率问题、发展问题、文化问题等等。每一个民族都有自己的问题，每一种问题都有自己特殊的原因，但是在所有冲突之后，都有一种更根本的原因，那就是"群体意识的失落，创立团体之能力的丧失"（第122页）。在伯尔曼看来，这也就是死亡的体验。

　　这是一个严峻的时刻，人类发展史上的紧要关头。伯尔曼寄希望于人类大同——并非先知们观念中的大同，而是表现于政治、经济和文化制度中的人类联合：已备雏形的共同法，有希望产生的人类宗教。此外，伯尔曼还特别提到1960年代遍布于美国的地方自发性团体或公社。这些自发性团体虽然通常总是短暂的，但为社会提供了关于再生的有益经验：在一段时间里面，公社成员完全与公社融为一体，"共同面对死亡、苦难、战争和压迫，共同迎接生，共同施予爱，共同劳作服务；他们感到过去的传统业已枯竭，社会已厄运当头，但同时又心感笃定安然，似乎已脱胎换骨，重获生命"（第129页）。

　　希望尚在，但要实现这希望，必得有大智大勇，有激情和创造力。

四

所有这些,听上去显得那么遥远,但又似乎颇为切近。东方与西方,置身于同一个星球,面临同样的困厄。然而,同一种大背景下面,不同人群面临着全然不同的问题。

伯尔曼谈到的那种理性思维与心灵感受,或者,客观观察与主观体验之间的分裂,在我们也不能算陌生。但是运用二元论的结果,我们要么把人看作神,要么把人当作奴隶。表现在这里的种种笨拙,其实恰好说明,二元论从来不是我们的传统。我们的传统乃是和谐,和谐的最高境界乃是人、物、自然、宇宙的交融于一。这不是主体与客体的交互作用,而是"物我两忘","物我不分"。同时,这种和谐的观念又带有强烈的道德意味,而这正是我们全部文化最为根本的特征。

我们的法律并不是西方人惯常理解的那种,毋宁说,"它们不是法律,反倒简直是压制法律的东西"(黑格尔的评语,见其《哲学史讲演录》卷一,第119页)。它是执行道德的工具,是附加了刑罚的礼。这种道德化的法律与法律化的道德其实应叫作礼法,一如希伯来的法律只合名为律法。道德无所不在,法也就"包罗万象",但是对于个人来说,法不但意味着国家的暴力(刑),通常还是耻辱的象征,因为它所惩罚的,总是不道德。于是,它又成为正常生活之外的东西。所谓"出于礼则入于刑",这既是

合,又是分,它表明我们古代的法律只具有否定价值。这样的
法律,自然不具有(也不要求)神圣性。孔子曰:"道之以政,齐
之以刑,民免而无耻;道之以德,齐之以礼,有耻且格。"(《论语·
为政》)能唤起人尊崇,甘愿践行其原则的,是德与礼,而不是法
(刑政)。这些,不仅有别于西方历史上受基督教影响的法律,
而且不同于希伯来法或者伊斯兰法。

　　我们文化的独特性还表现在政治的道德化上面。这种政
治的道德化建立在一种久远的家、国不分的传统之上,它造成
一种家与国、道德与法律、个人生活与公共生活浑然不分的特
殊格局,《大学》里面"正心、诚意、修身、齐家、治国、平天下"的
连续式可以很好地用来表明这种状态。这或可以称作中国式
的政教合一。自然,我们的历史上不曾有过基督教意义上的宗
教和那样的宗教组织,因此也不存在灵界与俗界的对立。充作
"教"的儒家学说只是伦常日用,并无神秘色彩,它自始便是世
俗的,"合理的"(并非西方意义上的合理)。然而正唯如此,体
现于此种道德化的政治当中的"政教合一",实较西方历史上的
"政教合一"更为广泛和彻底,也更加不容易消除。就此而言,
我们所需要的,不是综合,而是分析;不是克服二元论,而是破
除一元论;不是弥合法律与宗教之间的裂隙,而是重新创造出
一种法律,重新创造出一种宗教,一种对我们来说是全新的法
律与宗教。

　　当然,伯尔曼是无可指责的。他并不是在讨论中国的问
题,况且,他还在书后的跋里,专门谈到划分法律与宗教对于维

护个人精神价值和国家独立地位的重要意义,谈到"在历史上的另一些时期,在今日世界的另一些地方"(第138页)这样做的必要性。伯尔曼的这个补充是必要的,但是对我们来说,伯尔曼此书的意义绝不只是补充性的,而是积极的和创造性的。

"法律必须被信仰,否则它将形同虚设。"这个判断即使不合于中国古时的情形,却至少是可以针对今日的。我们的现代法律制度包括宪法、行政法、民法、诉讼法等许多门类,它们被设计来调整社会生活的各个领域,为建构一个现代社会奠定基础。同时,它们也代表了一种精神价值,一种在久远的历史中逐渐形成的传统。问题在于,这恰好不是我们的传统。这里不但没有融入我们的历史、我们的经验,反倒常常与我们"固有的"文化价值相悖。于是,当我们最后不得不接受这套法律制度的时候,立即就陷入到无可解脱的精神困境里面。一种本质上是西方文化产物的原则、制度,如何能够唤起我们对于终极目的和神圣事物的意识,又怎么能够激发我们乐于为之献身的信仰与激情?我们并不是渐渐失去了对于法律的信任,而是一开始就不能信任这法律。因为它与我们五千年来一贯遵行的价值相悖,与我们有着同样久长之传统的文化格格不入。这样的困难不是比西方人面临的危机更难以摆脱吗?这也是一种"死亡的征兆",其真实性与严重性绝不在后者之下。

19世纪中叶,由于西方列强的侵入,我们历史的进程改变了。我们被迫接受西方的事物,从生产技术,一直到西方人的基本价值。在这种强有力的挑战面前,传统的文化格局分崩离析,这是较伯尔曼书中所谓法律与宗教之间纽带的断裂更为严重的事件,也是我们五千年文明史中前所未有的震荡。生存的问题被提出来了,有时是以物质的方式,有时是以精神的方式。前者表现在诸如甲午海战一败所引发的举国震惊,或者日寇入侵带来的亡国亡种的危机里面,后者表现在"五四"以来的历次文化大论战当中。我们应当这样来认识近代以来的文化论战,因为所谓文化传统不仅代表着一个民族的过去,而且事实上构成了一个民族精神的核心。文化的解体意味着死亡,文化的抗争实即是生存的抗争。这正是一种死亡的体验,而我们今天仍未脱此死亡之境。这即是 1980 年代提出新的现代化方案("保留球籍"问题)和重开文化讨论(改造和保存文化)的根本缘由。

　　社会也像个人一样具有求生的本能,但是处在今天这样的特殊情境里面,仅仅依靠本能是不够的。历史不曾给我们提供过有益的经验,因为我们历史上从未发生过如西方社会在 1640 年、1789 年或者 1917 年经历过的那种革命。传统的时间观亦不能给我们关于死亡与再生的启示。近代以来,我们一直关注的问题只是现代化,甚至引入西方各种基本的价值也主要是出于这样一种功利的考虑。我们没有从整体上去把握我们的生存状况,忽略了社会精神上的再生。其中一个重要的表现就是沉湎于自欺,不愿正视死亡,承受以往的失败,"自甘消解"。

　　然而,旧时代的死亡是无可挽回的。新的文化论战(且不管它本身是多么幼稚)再一次表明了这一点。问题在于,我们必须自觉地面对死亡,运用我们的全部力量与勇气去获取再生。而这种再生,恰如伯尔曼所说,并不是一种简单的变化,而是一种辄伴以特殊态度与倾向,尤其是对于时间和历史之特殊倾向的特殊变化。(第110—119页)这里,需要认识的首先就是再生的观念本身,它表现了一种对我们来说是完全陌生的时间观:不是循环的、托古改制的那种新旧纠缠,死人统治活人,而是凤凰涅槃,死亡转变为新的开端,一个时代转变为另一个时代。这是一种末日的观念,其中所包含的不仅是观念、行为以及意识形态与政治的彻底改造,而且是绝望与顿悟、死亡与再生的深刻体验,是一种真正的脱胎换骨。这意味着,我们必须承认以往的失败,在对自身生存状况作真正全面、深刻而且诚实的反省与批判的基础上,超越我们的过去,创造出我们自己的天堂与尘世,我们自己的法律与宗教。这将既不是重复西方的历史,也不是脱离开人类的基本追求,而是以人类社会一员的身份参与到人类中去。以全人类的精神养料滋养我们自己,又以自己独特的经验去解决人类的问题。这既是我们贡献于人类的所在,又是我们的自救之道。此一转变的艰难与痛苦不难想见,但这是唯一的希望。希望就在于(用伯尔曼的话说),"作为一个民族,作为一种文明以及作为人类,我们将有忍受旧时代死亡之痛苦的坚韧毅力,有对重获新生的热烈薪望"(第131页)。

《法律与宗教》一书只八万字上下,薄薄的一册,半天就可以读完。但是书中所包含的丰富思想与深刻洞见却会给我们留下长久的思索。伯尔曼在导言中称此书讨论的虽是永恒问题,却只求适时,不求不朽。然而读毕全书,我却不能不承认,这本小书也如它讨论的问题一样不朽。本书的作者，亦将因此在创造新的宗教（如果它真能产生的话）的预言家、圣者和英雄当中据有一席之地。

后 记

关于这本集子，《自序》里作了必要的说明，只是，这篇序言写在差不多四年以前。四年来，我的思考未曾停止，我对于事物的认识也在不断深化。这些，自然不能够完全地表现在序言里面。为了真实的缘故，我不加改动地保存了原来的《自序》，连同收入本书的所有文章。也是基于同样的原因，我又决定借本书出版的机会，增写一篇后记，以便简略说明近年来我思想上的某些发展。

细心的读者或许会发现，在收入本书的《"法"辨》（写于1986年初）和《死亡与再生》（写于1988年下半年）之间，有一条思想的轨迹可以觅察。事实上，撰写《死亡与再生》的同时，我还在写《寻求自然秩序中的和谐：中国传统法律文化研究》一书。对我来说，这是一次系统探究中国古代法律性格的尝试。它要求我考虑更多的问题，并且在更加广阔的背景上去把握相关论题。自然，我吸收了自己前此数年中的研究所得，但那也是一次重新消化的过程。结果我发现，当我尽可能祛除主观上的好恶,用客观公允的态度去研究中国古代法律与文化及其相互关系时,我对于传统的法律和文化,渐渐产生出一种新的理解,那即是人们所说的"同情的理解"。当然,这并不意味着放弃以前研究中的一些基本的判断,更不意味着背离我在《比较法与比较文化》以及《"法"辨》诸文中宣明并且运用的一般方法。恰恰相反,我所以有后来的变化,正是贯彻了"旧方法"自然得出的结果。古人确实不曾以"权利-义务"模式去调整其社会关系;他们的法律确实不以人权为依据,不以保护自由为宗旨;甚至,传统的价值系列里面,并没有"自由"这样的概念。然而这并不等于说,这样的一个社会,无真,无善,无美;它的历史记录,与人类的一般价值相悖。只有最偏执的西方价值中心论者才可能得出这样的结论。事实是,人类社会许多基本问题是共同的,不同人群却以不同态度对待之,以不同方法解决之,这正是文化差异最根本最丰富的所在。明白中、西之间的差异乃是"文化类型"的不同,就可能对于中国的和西方的法律与文化,都有全新的但肯定是更近于真实的了解,虽然要实现这种可能,还需要具备其他条件和付出艰苦的努力。

最近几年里面,我听到和读到对我那些已经发表了的文字的各种评说。一位域外的评论者,在读过包括《"法"辨》和《传统文化的更新与再生》(《读书》1989 年第 3 期。该文写成于1988 年上半年,原系《寻求自然秩序中的和谐》一书的《跋》,《读书》刊用时有较大删节。本书未收此文)在内的若干篇文字之后,说我继承了"五四"传统,而能以冷静的学术研究作基础,全面批判传统,探索中国文化的自救之道,是成熟的"五四"青年。这位评论者的看法虽然不无道理,但他显然不曾注意到上面谈到的那些微妙而富有意义的思想发展。一般的读者只注意到我文章中的个别结论,而于其中所用方法及其意义辄不加重视,所以不能更进一步把握我思想的发展脉络,这也是我常常引以为遗憾的事情。

最后还可以补说一句。对于历史的"同情的理解",不但使我学到了许多东西,而且为我下一步的研究,开辟了一个新的天地。记得 1988 年夏天,当我把《寻求自然秩序中的和谐》一书书稿交出时,已经精疲力竭,不想就同样主题再写什么了。但是半年以后,经过了一段时间的静思,我发现,平日许多散漫不相连贯的思想都在对历史的"同情的理解"中间融合起来。它们把我引向某种更广阔的背景,更深邃的思考。

我一直试图用文化去说明法律,用法律去说明文化,现在依然如此,只是程度更深了一层。由于这种变化,过去使用的方法和得出的结论,对我都有了新的意义。我将在此基础上作新的研究。那是一个很大的题目,也许,我可以在未来的十数年时间里面慢慢地把它完成。

最后,还想说几句感谢的话。

收入本书的文字,都是已经发表过的。这几年里,我因这些文字结识了许多朋友,相识的和不相识的。他们是读者,更是良师益友。我始终生活在他们中间,在他们的关注下思考和写作。应该说,没有他们,就不会有呈现在读者面前的这本小书,也不会有现时的我。这里,我想特别提到原《读者》编辑部主任王焱,他是出色的编辑,思想敏锐,学识广博,懂得如何与作者建立彼此信任的关系。我能够一开始就遇到这样的合作者,实在是可以高兴的事情。另外一位我要特别表示谢忱的是本书责任编辑许医农女士。我们认识已经有几年了,她是那种追求真理锲而不舍的人,她对于事业的执着和在工作上的一丝不苟,总令我肃然起敬。我把这本书稿交与她处理,不但完全放心,而且由衷地感到高兴。

1991 年 10 月 29 日写于
北京万寿寺寓所

重印后记

　　本书出版已经十年了，可以算作"旧籍"。旧籍新刊的主要理由是书久已售罄，却不曾完全退出阅读领域，而这又可能是因为书中讨论的问题并未全然过时，书中所表达的关切仍然能够触动现下读者的思绪罢。

　　收于本书的文章均写在十年以前，由这些文字，读者多少可以感受到十年前中国知识界的氛围，也可以约略了解作者当时的智识状态与努力。这次重印对原有篇目和排序未加改动，只是把注释体例改同一致。所有文中注均移为页下注，文献出处也尽可能详细和完整。遗憾的是，最后仍有几处引文的出处未能查实，只好暂付阙如。

　　决定将本书重印，并收入《法律文化研究文丛》出版，多是出于中国政法大学出版社社长李传敢先生的美意。传敢深谙出版之道，对出版高质量的学术著作更是不计成本、不遗余力，这一点令我深感敬佩，也使我们之间的合作成功愉快。

梁治平

2002 年 6 月 26 日

北京万寿寺寓所

再版后记

　　这本集子最早由贵州人民出版社出版,事在 1992 年。十年后,书在中国政法大学出版社重印。关于本书写作、编排、出版、重印等事项的交待,有 1988 年的《自序》,1991 年的《后记》,还有 2002 年的《重印后记》,这里就不重复了。

　　这次再版,除了对文字有少量订正,还删去了旧版中的一篇文章,并对书名作了相应调整。

梁治平

2013 年 9 月 27 日记于

北京西山忘言庐